Mein Trockenblumenbuch

Züchten · Trocknen · Verarbeiten · Gestalten

Annette Mierhof
Marijke den Boer-Vlamings

Orell Füssli

© 1980 by Uitgeverij J. H. Gottmer, Haarlem, NL
Titel der Originalausgabe «Droogbloemen»
Grafische Gestaltung von Jacques Jeuken

© 1982 der deutschsprachigen Ausgabe by Orell Füssli Verlag Zürich
Übersetzt aus dem Niederländischen von Maria Csollány
Lektorat: Jutta Radel
Herstellung: Peter Schnyder/Walter Voser
Satz: B&K Offsetdruck, Ottersweier
Druck und Einband: South China Printing Co., Hong Kong

ISBN 3 280 01333 X
Printed in Hong Kong

Inhalt

Vorwort

Es ist noch nicht sehr lange her, da spielten die Jahreszeiten im Alltagsleben des Menschen eine viel wichtigere Rolle als heute. Die Atmosphäre im Haus wurde weitgehend dadurch bestimmt, was die verschiedenen Zeiten des Jahres zu bieten hatten. Ein großer Teil des Sommers und Herbstes verging mit Sammeln und Haltbarmachen der Vorräte für den Winter. Das war notwendig. Der Dichter La Fontaine weiß davon in der Fabel «Die Grille und die Ameise» zu berichten:

Die Grille hatte den Sommer lang gezirpt und gesungen. Nun, im Winter, hatte sie großen Hunger, denn nirgendwo fand sie ein Würmchen oder eine Fliege. Sie ging zur Ameise, um sich ein Stück Brot zu borgen:
... «Was hast du im Sommer denn getrieben?»
«Tag und Nacht hab' ich ergötzt durch mein Singen alle Leut'.»
«Durch dein Singen? Sehr erfreut! Weißt du was? Dann – tanze jetzt!»

Heutzutage haben wir eine hochentwikkelte Technik und eine tüchtige Wirtschaft, die uns häufig vergessen läßt, in welcher Zeit des Jahres wir leben. Wir können im Dezember Sommergemüse kaufen, und Früchte verschiedenster Art werden aus warmen Ländern importiert. Mit den Blumen ist es nicht anders. Während man früher in einer bestimmten Jahreszeit beim Blumenhändler nur Chrysanthemen oder Alpenveilchen bekommen konnte, können wir heute sommers wie winters unter den verschiedensten Blumen auswählen. Werden wir uns jedoch bewußt, wie unnatürlich Kirschen zur Weihnachtszeit sind oder Sonnenblumen im Frühling, so können wir uns einem Gefühl des Unbehagens kaum entziehen. Wenn wir dennoch den Wunsch danach

haben, mag es daran liegen, daß wir ein instinktives Bedürfnis danach verspüren, etwas aus dem eben vergangenen, üppigen Sommer zu bewahren. Gerade weil wir nicht mehr gezwungen sind, an Wintervorräte zu denken, bereiten Ernten und Pflücken von Früchten umso mehr Vergnügen.

Es ist angenehm, im Einklang mit der Umgebung zu leben, das gilt auch für die Jahreszeiten. Man kann einen Herbststurm genießen, auch eine Schneelandschaft im Januar. Man kann sich gegen den Winter sträuben, ihn aber auch fröhlich empfangen: mit einem Bukett aus getrockneten Blumen, mit Weihnachtsschmuck aus glänzendem Stroh und selbstgesammelten Tannenzapfen. Wozu brauchen wir von den Kanarischen Inseln eingeflogene Nelken, wenn so viel Schönes aus dem eigenen Land oder dem eigenen Garten in Form von getrockneten Blumen, Gräsern oder Samen zur Verfügung steht?

Wenn auf dem Dachboden allerlei Pflanzen zum Trocknen hängen und im Vorratsraum die Gläser mit eingeweckten Früchten und Gemüse stehen, wird sich niemand des Gefühls von Stolz und Befriedigung erwehren können. Durch das Sammeln vielerlei Pflanzenmaterials fühlen wir uns mit unserer natürlichen Umgebung enger verbunden. Vielleicht ändert sich auch die Art, wie wir unseren Garten bestellen. Wir suchen ein Plätzchen für Hortensien, und manche Blumenstaude mag den Kugeldisteln oder dem Schleierkraut weichen. Auch das unbeachtete Grün am Wegrain oder am Waldrand sehen wir mit anderen Augen, und wir unterscheiden viele verschiedene Pflanzen und Gräser. All diese Erfahrungen sind neben der Freude an einem Hobby wie das Sammeln und Trocknen von Blumen eine schöne Bereicherung.

Wo wachsen Blumen zum Trocknen?

In jeder Umgebung, in angelegten Gärten, am Wegrain und am Waldrand, überall wachsen Pflanzen, Blumen, Gräser, die man für den Winter oder für noch längere Zeit haltbar machen kann. Sogar an den Ufern und in den Sümpfen finden wir mancherlei Trockenmaterial.

Wir wollen uns in diesem Buch auf die Behandlung einheimischer Pflanzen und Blumen beschränken. Zwar werden in den Geschäften sehr viele Blumen und Samen aus tropischen und anderen Ländern zum Kauf angeboten, doch würde es zu weit führen, wollten wir auch auf diese ausführlich eingehen.

Wegränder, brachliegende Äcker und manchmal auch Naturschutzgebiete liefern eine Fülle von brauchbarem Material, doch ist wohl der eigene Garten der Hauptlieferant für farbige Trockenblumen.

Aus einem normalen Garten lassen sich vielerlei Blumen für den Wintergebrauch herausholen. Auch von den Stauden, die üblicherweise in den Randbeeten stehen, eignen sich viele sehr gut zum Trocknen. Daneben kann man hübsche Blumen aus einjährigen Pflanzen gewinnen, die eigens zu diesem Zweck angepflanzt werden. Sie brauchen nicht zu fürchten, daß Ihr Garten dadurch weniger schön aussieht. Meist sind diese Pflanzen ebenso hübsch wie die üblichen bekannten Beetpflanzen. Und wenn Sie nicht alle Blumen gleichzeitig pflücken, werden Sie doppelte Freude daran haben: zuerst im Garten und später im Haus.

Um Sie zu eigenen Ideen anzuregen, geben wir hier einige Hinweise für Gärten unterschiedlicher Größe.

Kleiner moderner Stadtgarten
(siehe Abbildung Seite 8)

Dieses Beispiel zeigt ausschließlich Blumen, die sich zum Trocknen gut eignen. Es ist aber nicht damit gemeint, daß Sie alle Ihre vorhandenen Stauden durch andere ersetzen sollen oder müssen, deren Blumen oder Blätter sich zum Trocknen eignen.

Glücklicherweise gibt es bei der Anschaffung neuer Pflanzen, die vor allem zum Trocknen bestimmt sind, vielerlei Möglichkeiten. Ein Garten mit Trockenblumen braucht keineswegs hinter einem anderen Sommergarten zurückzustehen und kann genau so reich blühen. Sobald diese Blumen jedoch gepflückt sind, beginnt für sie ein zweites Leben. Zur Abwechslung können Sie die Beete im Garten auch einmal zum Anbau von wohlschmeckendem Sommergemüse nutzen. Die Ernte aus dem eigenen Garten, seien es frische Blumen für die Vase, Trockenblumen oder Wurzelgemüse, ist immer ein besonderes Erlebnis.

Staudenrabatte

Zur Anlage einer Rabatte mit dauerhaften Stauden brauchen Sie einen sonnigen Gartenplatz mit einer Hecke oder höheren Sträuchern als Hintergrund. Bei der Zusammenstellung der Stauden müssen Sie außerdem einige andere Faktoren bedenken. So spielen neben dem verfügbaren sonnigen Platz auch die verschiedenen Höhen der Stauden eine Rolle, außerdem die Farben und Blütezeiten. Auch die Lage und die Bodenbeschaffenheit sind ausschlaggebend für das Gedeihen der Pflanzen. Nicht zuletzt spielt Ihre persönliche Vorliebe für oder Abneigung gegen gewisse Pflanzen eine Rolle.

Zwei Beispiele für Farbenzusammenstellungen und Staudensorten finden Sie auf Seite 9. Es sind alles Stauden, deren Blumen, Blätter oder Samen sich zum Trocknen eignen.

Empfehlenswert ist, zunächst auf dem Papier zu planen und zu zeichnen, was alles in die Rabatte kommen soll. Lassen Sie sich nicht entmutigen durch den Gedanken: Ich kann nicht zeichnen! Mit Hilfe eines guten Gartenbuches, das Sie ohnehin für alle möglichen Ratschläge und Informationen benötigen, kommen Sie ein gutes Stück voran. Außerdem macht es mehr Spaß, ein Stück Garten vorauszuplanen, als Sie vielleicht vermuten.

Stauden brauchen Zeit, um ihre Pracht zu zeigen, und gelegentlich kommt es auch vor, daß ein Versuch nicht glückt. Das ändert aber nichts an der Tatsache, daß Pflanzen, die gut gedeihen, jedes Jahr treu wiederkehren. Obwohl ich mir meinen Garten ohne einjährige Pflanzen nicht vorstellen kann, ist es doch ein beruhigender Gedanke, daß die Stauden im nächsten Jahr wieder da sein werden. Meistens sind sie voller und schöner als im Jahr zuvor, so daß man immer wieder die Anzahl der Pflanzen vermehren kann, indem man die Wurzelstöcke teilt.

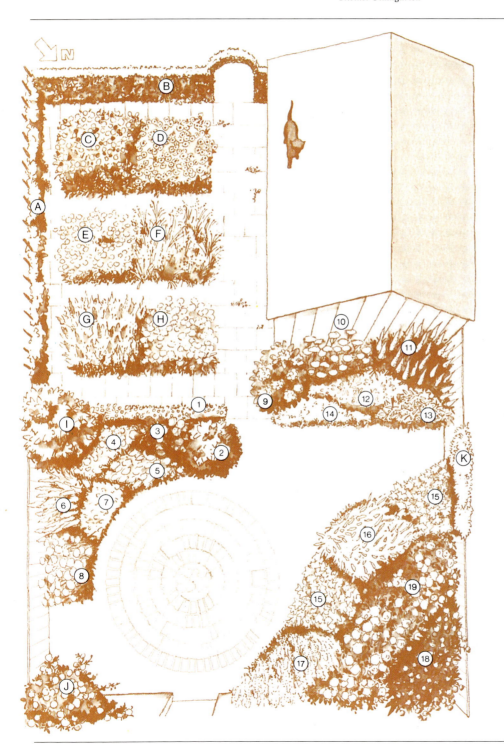

A Japanische Weinbeere
B Buchsbaumhecke
C Helichrysum
D Acroclinium, gemischt
E Rhodante
F Gräser
G Gemischte Pflanzen
H Xeranthemum
I Ilex bacciflava
J Kletterrose
K Clematis vitalba

1 Santolina
2 Euonymus europaéus cascade
3 Dahlien
4 Monarda didyma
5 Achillea Moonshine
6 Delphinium Pacific Giants
7 Stachys Lanata
8 Achillea Parkers Var.
9 Hydrangea Blue Wave
10 Achillea millefolium
11 Aconitum, z. B. Fischeri (niedrig),
   Cammarum (hoch)
12 Artemisia Silver Queen
13 Anaphalis triplinervis
14 Oreganum vulgare
15 Alchemilla mollis
16 Lavandula
17 Gypsophila paniculata Bristol Fairy
18 Echinops
19 Rose Friesia

Zwischen Steinen oder Trittplatten eignen
sich: Thymus serpyllum, Acaena.

5 x 7 Meter

Staudenrabatte in den Farben Gelb und Weiß
Staudenrabatte in den Farben Blau und Rosa

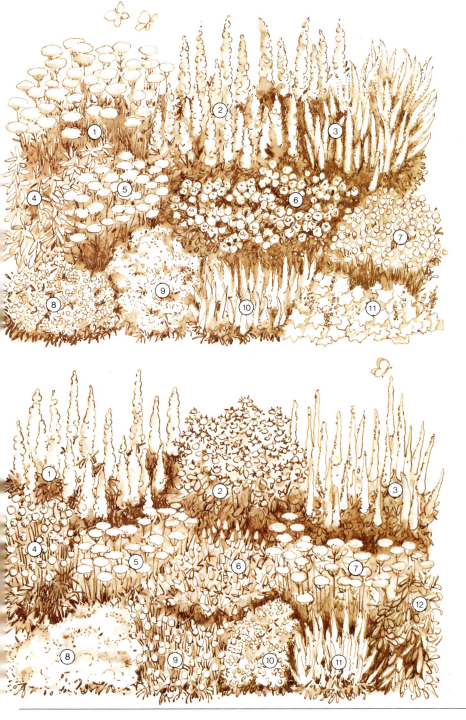

1 Achillea filipendulina Golden Plate,
 Juli
2 Delphinium Pacific Giant Galahad,
 weiß, Juni – Juli
3 Solidago Golden Wings,
 Juli – September
4 Artemisia Silver Queen
 (graues Blatt), August – Oktober
5 Achillea ptarmica (aufbinden),
 Juli – August
6 Gelbe Beetrose Friesia,
 Juni – Oktober
7 Centaurea macrocephala,
 Juli – August
8 Anaphalis Schwefellicht,
 Juli – September
9 Gypsophilia, Juli – August
10 Solidago Golden Gate,
 Juli – August
11 Alchemilla, Juni – Juli

1 Delphinium, Juni – Juli
2 Monarda Croftway Pink,
 Juli – September
3 Aconitum carmichaelli,
 August – September
4 Echinops, Juli – August
5 Achillea ptarmica (aufbinden),
 Juli – August
6 Eryngium, Juli – August
7 Achillea millefolium Red Beauty,
 Juni – Juli
8 Gypsophila, Juli – August
9 Armeria pseudarmeria, Mai – Juni
10 Anaphalis triplinervis,
 Juli – September
11 Lavendula augustifolia Hidcote,
 Juni – Juli
12 Artemisia Silver Queen (graues
 Blatt), August – Oktober

1   Delphinium Pacific Giant Galahad
2   Achillea ptarmica
3   Dipsacus
4   Lunaria
5   Physalis
6   Nicandra
7   Solidago
8   Achillea millefolium Red Beauty
9   Aconitum
10 Astilbe
11 Hydrangea
12 Lavandula
13 Santolina
14 Monarda
15 Delphinium belladonna
16 Centaurea macrocephalea
17 Achillea Moonshine
18 Stachys
19 Limonium
20 Eryngium
21 Echinops
22 Cynara
23 Gypsophilia
24 Carlina
25 Anaphalis Schwefellicht
26 Anaphalis triplinervis
27 Polygonum affine
28 Achillea filipendulina Parkers Var.
29 Alchemilla
30 Buxus
31 Stammrose

a Rhodante, rosa
b Helipterum, gelb
c Rhodante, weiß
d Delphinium ajacis
e Helichrysum Feuerball
f Helichrysum Boule d'Or
g Gräser, gemischt
h Lonas
i Nigella
j Helichrysum, silber-rosa
k Statize, weiß
l Statize, gemischt
m Statize, gelb
n Xeranthemum, gemischt
o Helichrysum, gemischt
p Acroclinium, weiß
q Statice suworowii
r Statize, rosa

I   Oregano
II   Weinraute
III Schnittlauch
IV   Beifuß
V   Rosen

10 x 20 m

Ein Korb mit frisch gepflückten Trockenblumen.

Jede Gartenbepflanzung kann durch wilde Blumen vom Wegrand bereichert werden. Dabei sollte aber Sorge getragen werden, daß in der Natur kein Schaden angerichtet wird. Wir werden später ausführlicher darauf eingehen.

Für den Nicht-Gartenbesitzer bedeuten Pflanzen vom Wegrand vor allem, daß auch er die Möglichkeit hat, sich eine Sammlung zuzulegen. Auch auf den Märkten findet man eine recht breite Auswahl von Blumen, und man kann Nachbarn um Blumen aus ihrem Garten bitten, die selbst kein Interesse für das Trocknen haben. Selbst auf Urlaubsreisen kann man allerlei sammeln: einen Strauß schöner Gräser, bizarr geformte Disteln, hübsche Moosbüschel oder fremdartige Tannenzapfen.

Der Transport, vor allem von Disteln, bereitet jedoch oft ein Problem. So fand ich einmal in einem südlichen Land prächtige, gut ausgetrocknete, knochenweiße Distelskelette. Ich habe Schrammen und Kratzer nicht gescheut, mir einige abgebrochen und in unser Ferien-Quartier mitgenommen. Tagelang habe ich mir den Kopf zerbrochen, wie ich sie transportieren könnte, bis unser Hauswirt das Problem für mich löste. Am Tag vor der Abreise, als ich die Disteln einpacken wollte, fand ich meine schönen Disteln als knallbunten Stachelstrauß wieder. Der gute Mann hatte mir eine Freundlichkeit erweisen wollen und die langweiligen weißen Dinger rot, grün und blau angesprüht. Ohne Bedauern habe ich sie dann dortgelassen.

Einfach zu transportieren sind hingegen hübsch geformte Blätter und Farne. Man kann sie zwischen ein paar Zeitungen auf den Boden des Koffers packen oder zwischen zwei Buchseiten pressen. Sie sind eine schöne Erinnerung, und sie können einem Bukett einen aparten Effekt verleihen.

Trocknen von Blumen und Pflanzenteilen

Es gibt verschiedene Verfahren, um Blumen, Blätter und Samen haltbar zu machen. Aber wie sehr man sich auch bemüht, das Ergebnis wird Jahr um Jahr anders ausfallen. Ebenso wie beim Wein gibt es gute und schlechte Jahrgänge.

Sehr wichtig sind die Wetterverhältnisse. Hohe Feuchtigkeit im Freien bedeutet automatisch hohe Luftfeuchtigkeit im Haus. Das birgt die Gefahr in sich, daß die Blumen nicht rasch genug trocknen und dadurch ihre Farbe verlieren und/oder daß sie schimmeln. Welche Methode man auch anwendet, ein gewisses «Gefühl» dafür, wie man vorgehen soll, muß jeder selber entwickeln.

Ein anderer wichtiger Umstand ist die Zeitspanne, die zwischen dem Pflücken und den Vorbereitungen zum Trocknen vergeht, außerdem spielt das Licht eine Rolle, das jedes Trockengut während der Trocken- und Aufbewahrungszeit erhält. Die Blumen sollten möglichst rasch nach dem Pflücken zusammengebunden und aufgehängt werden. Vor allem, wenn Sie Blumen oder Blätter pressen wollen, ist es ratsam, sie so schnell wie möglich zwischen Löschpapier zu legen, weil sich sonst die Blätter hochrollen und die Blüten verwelken.

Direktes Sonnenlicht vertragen Trockenblumen in jeder Form sehr schlecht. Insbesondere die Farben von Blättern, Hortensien und Blumen, die in Sand oder in Chemikalien getrocknet wurden, verblassen ziemlich schnell.

Natürlich ist es nicht nötig, alle hier beschriebenen Techniken gleichzeitig anzuwenden. Auch wenn Sie nur von einer Trockenmethode Gebrauch machen, erhalten Sie reichliches Material zum Verarbeiten.

Aus kopfüber aufgehängten Büscheln lassen sich üppige Bukette zusammenstellen. Sehr schön wirken auch Kompositionen aus Blättern, die in Glyzerin konserviert wurden. Und die kleinen zierlichen Blüten aus der Blumenpresse regen vor allem zur Herstellung von Dekorationen oder beim Schmücken von Gebrauchsgegenständen an.

Für jemanden, der bereits einige Erfahrung hat, bieten sich vielfältige Möglichkeiten zum Kombinieren der verschiedenen pflanzlichen Materialien an. So können beispielsweise große Sträuße aus grünen Blättern und Rosen oder dreidimensionale Dekorationen aus gepreßten Blumen zusammen mit anderem, nicht flächigem Material zu prächtigen Kreationen verarbeitet werden.

Trocknen im Hängen

Blumen, die Sie trocknen wollen, pflücken sie möglichst auch an einem trockenen Tag. Der richtige Zeitpunkt für das Pflücken der verschiedenen Sorten ist in der systematischen Beschreibung genau angegeben.

Sie entfernen die überflüssigen Blätter unten am Stengel, meist lassen sie sich sogar einfach abstreifen.

Auch die Blätter unmittelbar unterhalb der Blüte können entfernt werden, doch wirkt die Blume dadurch etwas kahl; eine Blume, von einem Blatt umgeben, und sei es auch vertrocknet, hat ein natürlicheres Aussehen.

Sie binden die Blumen zu festen Büscheln zusammen, am besten mit einem Gummiring, weil die Blumen während des Trocknens schrumpfen und dann leicht auseinander fallen.

Die Büschel dürfen nicht zu dick sein, sonst trocknen die inneren Blumen

schlecht, sie können zu schimmeln anfangen und dadurch unbrauchbar werden. Außerdem werden sie gelegentlich zu stark gegeneinander gedrückt und verlieren die Form.

Trocknen im Liegen

Es ist möglich, derbere Gräser, Samenkapseln, Moose und auch verschiedene Blumen in offenen Dosen oder beispielsweise auf Graupapier liegend zu trocknen.

Trocknen im Stehen

Manche Blüten oder Gräser mit zarten, verästelten Blütenständen, wie zum Beispiel Frauenmantel (Alchemilla), die Grasart Agrostis nebulosa oder Dolden wie die von Sellerie, Petersilie, Dill und Fenchel trocknen schöner, wenn sie aufrecht in einer Vase oder Dose stehen. Während dieser Zeit sehen sie wie ein Sommerstrauß aus. Es ist gut, wenn Sie auch hierbei darauf achten, daß die Blüten nicht zu dicht beieinander stehen.

*Ecke in einer dunklen Dachkammer,
geschmückt mit hängenden Büscheln aus Trockenblumen.
Im Vordergrund: Topf aus grober Tonware,
mit Blumenbüscheln arrangiert.*

Äußere Umstände

Für alle Verfahren, bei denen die Blumen an der Luft getrocknet werden, gilt als Grundregel, daß die Atmosphäre nicht feucht ist. Aber auch Sonnenlicht tut ihnen nicht gut. Zwei Beispiele: Blumen, die unter einem sehr luftigen, dunklen Vordach an der Nordseite des Hauses getrocknet wurden, ergaben nur traurig verschimmelte Büschel. An einem anderen Platz, einem überdachten Balkon an der Südseite des Hauses, entstanden vollkommen verblaßte, strohartige Büschel.

Im ersten Fall war es zweifellos zu feucht gewesen, im zweiten Fall war das Sonnenlicht zu stark: Feuchtigkeit und zu helles Sonnenlicht sind die größten Feinde!

Günstige Plätze zum Trocknen sind beispielsweise ein trockener Dachboden, der übrigens gut gelüftet werden muß, ein Treppenhaus oder auch nur die dunkleren Zimmerecken. Ein altes Haus mit einer schönen Balkendecke eignet sich hervorragend zum Trocknen von Blumen, aber eine gewöhnliche, durch den Raum gespannte Wäscheleine tut es auch. Wenn man die Büschel mit etwas Sorgfalt aufhängt und auf die Farbschattierungen achtet, bilden sie an sich schon eine sehr reizende Dekoration.

Wichtig ist es, zum Trocknen von Pflanzen einen Raum zu wählen, dessen Klima regelbar ist. Wie das im einzelnen geschehen soll, ist zum großen Teil eine Gefühlsfrage. In dieser Hinsicht war ein Florist, den ich einmal im Oktober nach getrockneten Eryngium fragte, ein schlechtes Vorbild.

Er würde mir gern helfen, sagte er, seine Blumen seien jedoch noch nicht trocken. Er hatte die Blumen während eines sehr nassen Sommers auf einen abgeschlosse-

Verschiedene Blätter, die sich leicht zwischen
Zeitungen trocknen lassen.
1. Anemone
2. Silberpappel
3. Japanischer Ahorn
4. Japanische Weinbeere
5. Eberraute

nen Dachboden ohne Heizung gehängt. Die Stiele waren weich geblieben und viele Blüten bereits verschimmelt.

Falls sich die aufgehängten Blumen nach ein paar Tagen nicht merklich trockener anfühlen, ist ein wenig Heizen zum Austrocknen der Luft wünschenswert. Es geht also nicht um die Temperatur, sondern um die Luftfeuchtigkeit. Wenn Sie ganz fachgerecht vorgehen wollen, können Sie ein Hygrometer benutzen und für 40 bis 50 %ige Luftfeuchtigkeit sorgen.

Es gibt Blumenarten wie der Rittersporn, die Königskerze (Verbascum) und wilde Fuchsschwanzsorten, die ein

rasches Trocknen erfordern. Schränke von der Art, wie sie in England zum Trocknen der Wäsche benutzt werden, eignen sich besonders gut dazu. Bei uns jedoch werden es hauptsächlich der Boilerschrank oder der Raum der Zentralheizung sein, die uns aushelfen müssen. Sobald die Blumen trocken sind, können sie mehr Feuchtigkeit vertragen.

Zu stark ausgetrocknete Blumen lassen sich nur sehr schwer verarbeiten, sie werden spröde und brechen bei der geringsten Berührung. Es ist nicht möglich, zu stark ausgetrocknete Blumen auf Stiele zu setzen.

Pressen

Alle Blätter werden durch Pressen getrocknet. Dabei sollten Sie darauf schauen, daß Sie möglichst unterschiedliche Blattformen und -farben pressen. Beim Pressen wird das Material in zwei Gruppen sortiert:

In eine Gruppe gehören die großen Blätter und Farne, die zum Arrangieren zusammengestellt werden sollen. In die andere Gruppe gehören die kleinen, zarten Blüten. Sie eignen sich besonders gut zum Dekorieren von Weihnachtskarten, Dosen und Tabletts.

Verschiedene Blätter, die sich leicht zwischen
Zeitungen trocknen lassen.
1. Akelei
2. Beifuß
3. Silberblatt
4. Eichenfarm

Über das Pressen von Blumen informiert ein separates Kapitel (Seite 85).

Für die erste Gruppe gilt, daß die Blätter und Farne nicht mit hohem Druck gepreßt werden dürfen. Sie werden sonst zu steif und brüchig, so daß sie schwer zu verarbeiten sind. Außerdem müssen die Blätter atmen können, was durch zu starken Druck verhindert wird. Nach einer bewährten Methode legt man die Farne zwischen Löschpapier oder Zeitungen und schiebt sie dann unter den Teppich. Auch unter einer Bettmatratze oder den Kissen eines Sofas geht das gut. Wichtig ist, daß die Blätter völlig trocken sind. Tropfen ergeben häßliche braune Flecken. Damit die Blätter sich nicht hochrollen, sollten sie möglichst rasch zwischen Löschpapier gelegt werden. Die Trocken-

zeit hängt von der Dicke der Blätter und des verwendeten Papiers ab, meist genügt eine Woche.

Auf diese Weise kann man in kurzer Zeit viel Material sammeln, da die zwischen Löschpapier gelegten Blätter ohne weiteres aufeinander gestapelt werden können. Sie bleiben jahrelang haltbar.

Geeignete Blätter

Farne
Graugetönte Blätter wie Senecio
    oder Cineraria
Japanische Weinbeere (graue Hinterseite)
Graublättrige Pappeln
Japanische Ahornarten (Acer jap.): schön
    gelappte, rote Blätter

Erdbeerblätter, im Verfärben begriffen
Koniferen: halten sich lange gut, werden
    aber auf die Dauer brüchig
Buxus – Buchsbaum
Acanthus – Bärenklau
Alchemilla mollis – Frauenmantel
Mahoniastrauch
Elaeagnus – Ölweide

Die Glyzerin-Methode

Diese Art des Haltbarmachens ist eigentlich eine Art Konservieren. Mit dem Trocknen hat sie wenig zu tun.

Im allgemeinen wendet man diese Methode bei den gröberen Blattsorten an, wie Magnolie, Rhododendron und Buche.

Eine Liste von geeignetem Material finden Sie am Ende dieser Seite.

Die gepflückten Zweige und Blätter müssen ein Gemisch aus Wasser und Glyzerin aufsaugen. Damit sie die Flüssigkeit gut aufnehmen, können die verholzten Stiele plattgeklopft oder eingekerbt werden.

Die verwendeten Blätter müssen frisch und voll ausgewachsen sein. Das heißt, daß sie im Spätsommer oder Herbst gepflückt werden. Wer einen Anflug von Herbstfarben haben möchte, kann sie pflücken, sobald sie sich zu verfärben beginnen. Völlig verfärbte Blätter nehmen das Glyzerin allerdings nicht auf.

Hinzu kommt, daß ein Blatt bei dieser Konservierungsart ohnehin immer die Farbe ändert, es wird dunkler. Dafür bleibt es sehr weich und ist leicht zu verarbeiten. Das Aufbewahren bereitet kaum Probleme. In Dosen oder in Plastiktüten halten sich die Blätter gut. Zu viel Feuchtigkeit kann Schimmel verursachen.

Mit einer Mottenkugel oder einem Säckchen voll getrocknetem Beifuß und Eberraute kann man aufdringliche Insekten fernhalten.

Glyzerin I

Sie geben ein Teil Glyzerin auf zwei Teile kochendes Wasser und vermischen beides miteinander. Sie stellen die eventuell gequetschten Zweigenden etwa 7 bis 10 cm tief in die Lösung, in ein schmales Gefäß. Die Lösung muß warm sein.

Es empfiehlt sich, die Zweige vor dem Einsetzen in das Glyzerin eine Weile in warmes Wasser zu stellen, damit der Säfteflüß gut in Gang kommt.

Sobald Glyzerintröpfchen auf den Blättern austreten, hat der Zweig genügend absorbiert.

Es kommt vor, daß die Blätter durch zuviel Glyzerin schlaff herunterhängen; zu fette Blätter müssen daher abgewischt werden.

Bei langen Zweigen kann es passieren, daß die Flüssigkeit nicht bis in die oberen Blätter aufsteigt, so daß sie verschrumpeln. Der Zweig verliert sein schönes Aussehen, und es wäre besser, in diesem Fall die zweite Methode anzuwenden.

Glyzerin II

Hierfür braucht man lange flache Schalen, in die man den ganzen Zweig eintaucht.

Das Gemisch besteht aus gleichen Teilen Glyzerin und Wasser.

Die Schale muß genügend Flüssigkeit enthalten, um vielen Blättern Platz zu bieten, ohne daß diese zu dicht aufeinander liegen. Eventuell ist es nötig, die Blätter mit kleinen Steinen zu beschweren, damit sie untergetaucht bleiben.

Die Zeit, die zur vollständigen Konservierung der Blätter notwendig ist, ist bei jeder Pflanzenart verschieden. Man kann sich an die Regel halten, daß ein Blatt aus der Flüssigkeit genommen werden kann, sobald zwei Drittel davon dunkler und durchscheinender sind als der übrige Teil. Blätter, die noch grün und nicht durchscheinend genug sind, müssen länger in der Flüssigkeit liegen bleiben. Danach legen Sie die Blätter zum Abtropfen für ein paar Tage auf einen Stapel nicht aufgeschlagener Zeitungen. Unterdessen findet ein weiterer Austausch statt zwischen den Blattspitzen und dem restlichen Teil.

Das Blatt wird weich und bleibt so. Nach einigen Tagen müssen die Blätter vorsichtig mit Seifenlauge abgewaschen und danach mit sauberem Wasser abgespült werden. Zum Trocknen hängen Sie die Blätter mit Wäscheklammern an die Leine. Die Blätter können nach Belieben mit grüner Farbe besprüht werden. Wenn sie zu lange im Glyzerinbad liegen, sind sie völlig durchtränkt und zu weich, um verarbeitet zu werden.

Auch für diese Methode gilt, daß nur voll ausgereifte und nicht zu dünne Blätter verwendet werden sollen. Zarte Farnblätter rollen sich sofort auf und sind dann unbrauchbar.

Die getrockneten Zweige werden auf dieselbe Art aufbewahrt, wie die Blätter.

Bei meinen Versuchen, Blumen auf diese Weise zu konservieren, hatte ich lediglich kleine Erfolge. Nur Moluccella laevis und einfaches Heidekraut fallen bei dieser Methode nicht so rasch ab, dabei dürfen sie nicht länger als drei Tage in der Lösung stehen (Methode I). Wenn Sie das Heidekraut länger im Glyzerin stehen lassen, wird es sich rasch verfärben.

Sehr gut zum Konservieren in Glyzerin eignen sich folgende Blätter:

Buchenblätter – graue Blätter – Stechpalme – Eichenblätter – dunkelblättriger Prunus – Japanischer Fächerahorn – Efeu (nur im Glyzerinbad) – Hortensia paniculata – Heidekraut.

Trocknen mit Sand und anderen Mitteln, die Wasser entziehen

Von allen bislang besprochenen Möglichkeiten des Trocknens ist diese wohl die faszinierendste. Die Amerikanerin Geneal Condon hat das Konservieren von Blumen mit Sand zu einer regelrechten Wissenschaft erhoben und über ihre Erfahrungen ein Buch geschrieben.

Unter anderem verwendete sie Sand, der den Blumen die Feuchtigkeit sehr langsam entzieht. Dabei liegen die Blumen völlig in den Sand eingebettet. Diese Methode wurde früher auch in Indien zum Haltbarmachen von Rosen angewandt.

Leider hatte ich mit diesem Verfahren keinen Erfolg. Es mag daran liegen, daß Frau Condon eine bestimmte Sorte Sand verwendete, die aus der Wüste bei Great Salt Lake City kommt. Zum anderen ist das amerikanische Klima völlig anders als das unsere.

Es gibt jedoch eine andere, erfolgreiche Methode, um mit Sand zu arbeiten, die ich nachstehend beschreibe.

Um die Farben der in Sand getrockneten Blumen besser zu erhalten, können Sie einige Kunstgriffe anwenden. Mit einem Marderpinsel bestreichen Sie beispielsweise die Blumen mit gemahlener Kreide, oder sie werden hinterher gefärbt.

Notwendig sind diese Kunstgriffe allerdings nicht, denn meistens ist das Resultat auch ohne sie erstaunlich gut. Vor allem, wenn Sie einige Erfahrungen gesammelt haben, bereitet diese Methode viel Spaß.

Dennoch bleibt eine Schwierigkeit bestehen. Es kommt vor, daß Blumen, die völlig unversehrt aus dem Sand zum Vorschein kommen, nach einigen Wochen oder Monaten plötzlich erschlaffen. Die

Ursache dafür liegt vermutlich in der Luftfeuchtigkeit. Sie greift die Festigkeit und die Farbe der getrockneten Blumen an. Glücklicherweise gibt es eine Anzahl von Arten, die dagegen widerstandsfähig sind. Sie werden auf Seite 21 angegeben.

Die erschlafften Blumen müssen nicht unbedingt weggeworfen werden. In einem großen Strauß mit verschiedenen Blumenformen und -farben findet auch ein weniger gut gelungenes Exemplar irgendwo einen Platz. Eine echte Lösung des Problems ist dies jedoch nicht. Haarlack schützt ein wenig. Aber vielleicht ist es auch möglich, daß Sie in Ihrem Haus überhaupt keine Probleme mit der Feuchtigkeit haben.

Material zum Trocknen mit Sand

Sand
Prinzipiell ist jeder feinkörnige Sand brauchbar. Am einfachsten ist die Verwendung von weißem Muschelsand, der in Tierhandlungen erhältlich ist.

Andere Sandsorten müssen zunächst einige Male gründlich gewaschen werden. Sie schütten den Sand in einen Eimer, gießen Wasser darauf und verrühren das Gemisch gut, damit der Schmutz nach oben steigt. Der Sand muß sich nun absetzen, und anschließend gießen Sie das schmutzige Wasser ab. Sie wiederholen den Vorgang so oft, bis das Wasser nach dem Absetzen praktisch sauber bleibt. Sie breiten den Sand aus und lassen ihn gut austrocknen.

Der Sand kann immer wieder benützt werden. Wenn im Lauf der Zeit Pflanzen- und Blütenreste den Sand verunreinigen, können Sie ihn wieder säubern, indem Sie ihn sieben.

Blaugel (Silicagel)
Diese wasserentziehenden Kristalle können Sie in Ihrer Drogerie oder Apotheke bestellen. In vollkommen trockenem Zustand haben die Kristalle eine blaue Farbe. Sobald sie aus ihrer Umgebung Feuchtigkeit aufnehmen, werden sie rosa. Feuchte Kristalle lassen sich im Backofen trocknen oder sogar in einer Pfanne auf dem Elektroherd, und sie werden dann wieder blau. Zum Trocknen von Blumen darf man Blaugel nur in ganz trockenem Zustand verwenden.

Behälter zum Aufbewahren
Jedes Gefäß, das luftdicht verschlossen werden kann, eignet sich zum Konservieren von Blumen, z. B. Blechdosen oder

Plastikbehälter. Wenn man die Dosen in einen Ofen oder warmen Raum stellt, verschließt man sie besser nicht. Die Luft außerhalb der Dose ist nämlich trockener als die im Inneren, so daß das Verschließen den Trockenprozeß nur verzögern würde.

Es ist praktisch, wenn man eine Anzahl verschieden geformter Dosen zur Hand hat. Heutzutage kann man für wenig Geld leere Vorratsdosen kaufen; die Klemmdeckel aus Plastik schließen sehr gut. Auch Keksdosen aus Blech eignen sich vorzüglich, Kartonschachteln hingegen sind in unserem Klima nicht brauchbar, da sie die Feuchtigkeit anziehen.

Pflanzenmaterial
Wenn die gepflückten Blumen und Blätter gewisse Voraussetzungen erfüllen, lassen sich nahezu alle in Sand trocknen. Das Material muß so frisch wie möglich in den Sand eingelagert werden. Wenn Sie die Blumen eine Weile liegen lassen, werden sie schlaff und verändern ihre Form.

Die Blumen müssen außerdem völlig trocken sein. Ein übersehener Wassertropfen kann häßliche braune Flecken hinterlassen. Er kann sogar Fäulniserscheinungen hervorrufen, wenn der Tropfen im Herzen der Blume sitzt. Die Blütenblätter fallen dann ab.

Man prüft die Blume, ob sie völlig trocken ist, indem man sie vorsichtig mit Sand bestreut. Bleibt der Sand nirgends haften, ist die Sache in Ordnung.

Während einer längeren Regenperiode muß man die Blumen zuerst im Haus abtrocknen lassen. Man stellt sie einfach in eine Vase. In diesem Fall müssen sie allerdings gepflückt werden, noch ehe sie völlig geöffnet sind, sonst fallen die Blätter nach dem Trocknen im Sand leicht ab.

Arbeitsweise

Auch wenn der Sand sich trocken anfühlt, kann er noch eine für unseren Zweck zu hohe Feuchtigkeit enthalten: der Sand kann seidenweich durch unsere Finger rieseln, und trotzdem erscheinen später daraus verwelkte braune Lappen anstatt gut getrockneter Blumen.

Der Trick ist nun, das Blaugel als Indikator für die möglicherweise im Sand enthaltene Feuchtigkeit zu gebrauchen. Wenn sich die Blaugel-Kristalle beim Einmischen in den Sand verfärben, ist der Feuchtigkeitsgehalt eindeutig zu hoch. Da die großen Kristalle bei Berührung der Blumen Flecken auf den Blättern verursachen, muß man die größeren Körner vor dem Einmischen in den Sand heraussie-

ben. Der feinkörnige Rückstand eignet sich gut zum Vermischen mit dem Sand.

Das Gemisch stellt man in einen auf 150 Grad erhitzten Backofen. Nach einiger Zeit hebt sich das Blaugel deutlich vom weißen Sand ab; der Sand ist jetzt trocken.

Die übriggebliebenen größeren Kristalle kann man gleichzeitig, jedoch in einem besonderen Behälter, im Ofen trocknen.

Die Blaugelkörner im Sand beschleunigen den Trockenvorgang, ohne dabei den Blumen zu schaden.

Sie füllen nun eine dünne Schicht Sand mit Blaugelkörnern in eine Dose oder Schale und legen die Blumen, die Sie trocknen wollen, so hinein, daß ihre Form gut erhalten bleibt.

Nach dem Trocknen muß man die Blumen meist an künstlichen Stielen befestigen, dafür lassen Sie 1 bis 2 cm des eigenen Stiels übrig.

Am besten ist es, die Blumen mit dem Gesicht nach oben auf den Boden des Behälters zu legen. In flachen Schalen ist das manchmal etwas schwierig, so daß man sie ein wenig schief hineinlegen muß.

Man kann mehrere Blumen zugleich in einen Behälter legen, sie dürfen sich aber nicht berühren. Legen Sie nie zwei verschiedene Arten in denselben Behälter; die Trockenzeiten sind unterschiedlich, und Sie können beim Auspacken eine hübsch getrocknete Blume und eine noch schlaffe, lappige Blüte herausholen.

In einen tiefen Behälter können Sie auf einen Teil des Bodens ein Stück Maschendraht legen. Die Blumen können darin aufrecht stehen, wenn die Stiele durch den Draht gesteckt sind.

Wenn die Blumen liegend getrocknet werden, muß man darauf achten, daß der

Sand auch ins Blüteninnere gelangt. Sonst besteht die Gefahr, daß die Blüten faulen. Damit der Sand ins Innere der Blüte dringt, bilden Sie aus Daumen und Zeigefinger einen Kreis, legen die Blüte hinein und lassen sie mit Sand vollrieseln.

Wenn die Blumen richtig liegen, streut man vorsichtig Sand über sie und um sie herum, bis sie ganz bedeckt sind. Dabei sollten sich Form und Lage der Blüten nicht verändern. Man kann aber nachträglich kleine Korrekturen mit einem dünnen Pinselstiel machen.

Zur Sicherheit kann man bei feuchten oder gefüllten Blüten einige Blaugelkristalle um die Blüten herum streuen, doch dürfen sie diese nicht berühren.

Es empfiehlt sich, vor dem Schließen des Behälters obenauf eine Schicht Blaugel zu streuen.

Stellen Sie den verschlossenen Behälter unbedingt in einen trockenen Raum. Ein wenig Wärme ist sehr nützlich. Auf einem Heizkörper, der im Spätsommer von Zeit zu Zeit angestellt wird, sind die Blumen oft in drei bis vier Tagen trocken.

Es ist auch möglich, die Blumen im Backofen zu trocknen; bei 40 oder 50 Grad genügen je nach Art bereits vierundzwanzig Stunden Trockenzeit. Kurze Wartezeiten haben den Vorteil, daß Sie mit wenig Sand innerhalb einer Jahreszeit allerhand Blumen trocknen können. Allerdings bedeutet das Gas- oder Stromverbrauch, der mehr oder weniger verschwendet ist.

Nach etwa fünf Tagen sollte man die Pflanzen im Behälter vorsichtig mit einem Finger prüfen. Fühlt sich das erste Blütenblatt, das man berührt, deutlich trocken und ein wenig knisternd an, so ist es an der Zeit, den Sand vorsichtig aus dem Behälter auslaufen zu lassen. Gehen Sie

dabei sehr achtsam vor, denn die Blumen sind spröde und brechen leicht.

Sie schütten den Sand durch ein Sieb, um die Kristalle zu entfernen. Der auf den Blütenblättern haftende Sand kann mit einem feinen Pinsel abgestreift werden.

Es empfiehlt sich, die Blüten gleich mit Stielen zu versehen. Wenn die Blumen aus dem Sand kommen, sind die Blütenböden oft noch weich, so daß man sie leicht durchstechen kann. Für viele Arten von Rosen, Dahlien und Zinnien verwendet man Stiele aus Blumendraht, den man durch den Blütenboden sticht.

Wenn die Blume durchstochen ist, biegt man den Draht am oberen Ende zu einem Häkchen um, das vorsichtig zurückgezogen wird, damit das Häkchen stecken bleibt. Es muß so klein sein, daß es sich in der Blüte verstecken läßt.

Warten Sie nicht zu lange mit dem Anbringen der Stiele; sobald die Blütenböden hart geworden sind, wird es problematisch.

Zu den größten Schwierigkeiten bei dieser Art des Trocknens gehört wiederum das Aufbewahren des Materials. Auch hierbei spielt die Feuchtigkeit eine Rolle, außerdem verlieren in Behältern liegende Blumen leicht ihre Form. Am besten ist es daher, sie mit den Stielen in ein Stück Steckmasse (Oasis) zu drücken und sie aufrecht an einen sehr trockenen Ort zu stellen. Man kann die Blumen auch zu Büscheln binden und aufhängen. Sehr gut geht dies beispielsweise bei Rosen.

Obwohl alle Blumen in Sand mit Blaugel getrocknet werden können, gibt es bestimmte Arten, die wegen ihrer langen Haltbarkeit mehr Erfolg versprechen als andere.

Auch gefüllte Blüten halten sich besser als die einfachen. Einzelblüten werden in einer feuchten Umgebung eher schlaff, während die Blütenblätter von gefüllten Blumen einander Halt geben.

Wenn Sie Korbblütler, z. B. Gänseblümchen, Ringelblumen oder Margeriten trocknen wollen, müssen diese gepflückt werden, wenn die Strahlblüten am Außenrand sich eben entfaltet haben. Warten Sie zu lange, dann fallen die Strahlblüten ab, wenn Sie die sonst gut getrockneten Exemplare aus dem Sand nehmen.

Sehr gut geeignet für das Trocknen in Sand sind:

Rosen	4 Tage
Rittersporn Pacific, lose	3 Tage
Rittersporn, einjährig, lose	3 Tage
Astrantia	3 Tage
Stockrose (Malve) gefüllt	5 Tage
(Pompon-) Dahlien, gefüllt	5 Tage
Zinnien	3 Tage
Hahnenfußgewächse	3 Tage
Tagetes	5 Tage
Hortensien, nicht verfärbt	3 Tage

Außer Blaugel kann man auch andere Chemikalien auf dieselbe Art verwenden, zum Beispiel Borax und aktiviertes Aluminium (Alaunpulver), und sogar Waschmittel. Der Nachteil dieser Substanzen ist, daß sie etwas klumpig sind. Außerdem kann man schwer feststellen, ob sie völlig trocken sind; bei diesen Stoffen tritt keine Farbänderung auf, wenn sie Feuchtigkeit aufnehmen.

Ein kleiner Tip

Sollen kurzstielige, eben gepflückte Blüten für einige Zeit frisch gehalten werden, nehmen Sie eine flache, breite Schale und füllen sie mit Wasser. Sie spannen ein Stück Alufolie darüber und stechen Löcher für die Stiele hinein. Sie stellen die Blumen so in die Löcher, daß die Blütenköpfe trocken auf der Folie liegen, während die Stiele Wasser aufsaugen können. Sie können die Blüten aber auch in einen Block sehr feuchten Hartschaum stecken.

Ein Korb, gefüllt mit Büscheln
aus einjährigen Trockenblumen und ergänzt mit Blumen
und Gräsern vom Wegrand.

Einjährige Blumen

Das uns bekannte Trockenblumensortiment besteht zum größten Teil aus einjährigen Pflanzen. Im allgemeinen sind sie nicht schwer zu ziehen, jedenfalls nicht schwieriger als die üblichen Tagetes oder Petunien.

Außerdem gedeihen sie in den unterschiedlichsten Bodenarten. Obwohl die Anleitung zum Aussäen meist auf der Samenpackung angegeben steht, ist folgendes wichtig:

Den besten Erfolg erzielen Sie, wenn Sie die Pflanzen im Vorfrühling in Kistchen aussäen und später, wenn keine Nachtfröste mehr zu befürchten sind, an Ort und Stelle draußen einpflanzen. Das klingt sehr einfach, dennoch stellt sich nicht immer ein Erfolg ein. Ich empfehle Ihnen deshalb, eines der vielen Bücher über die Zucht von einjährigen Pflanzen zu Rate zu ziehen, damit Sie Bescheid darüber wissen, was genau zu tun ist. Ich möchte mich darauf beschränken, einige grundlegende Ratschläge zu geben.

Wenn etwa Mitte März die ersten Samen eintreffen, sammeln sich bei mir auf allen Fensterbänken Behälter in den verschiedensten Formen und Farben an. Ich decke sie mit Plastikfolie oder Glasscheiben zu und säe darin aus.

In manchen Schalen zeigt sich schon nach wenigen Tagen ein zarter grüner Flaum, während andere Pflänzchen wochenlang auf sich warten lassen.

Was Sie nie tun sollten: die Samen nochmals ausgraben. Meist haben sie bereits den ersten Sproß getrieben, der dann sofort abbricht, und damit ist die Lebenschance der Blume dahin.

Die Samen, die sofort ausgetrieben haben, zeigen bald kleine fadenförmige Sprossen mit zwei kleinen grünen Blättern am oberen Ende, die das meist nur geringe Licht einzufangen versuchen. Häufig passiert es jedoch, daß sie eine Woche später allesamt schief auf der Seite des Fensters hängen. Wenn das passiert, ist tatsächlich etwas schief gegangen. Meist liegt es daran, daß die Fensterbank nicht der richtige Ort war, weil das Licht nur von einer Seite einfiel. Außerdem war es vermutlich zu warm; 10 bis 15 Grad genügen.

Besser ist es daher, die Samen in einem kleinen Gewächshaus oder im Frühbeet auszusäen. Damit müssen Sie allerdings bis Anfang April warten, wenn das Licht schon stärker und die Gefahr der Nachtfröste geringer ist. Sollte dennoch Nachtfrost vorausgesagt werden, müssen die Pflanzen abgedeckt werden, sonst sind sie am nächsten Morgen schwarz und tot. Zum Abdecken können Sie Zeitungen oder aufgeschnittene Müllsäcke benutzen. Wenn Sie kein Gewächshaus haben, können Kistchen, mit Glasplatten abgedeckt und an einen hellen, geschützten Ort gestellt, ebenfalls gute Dienste tun.

Die Pflänzchen müssen unbedingt vor zu viel Sonne geschützt werden, sie können sonst verbrennen. Zudem müssen die Kistchen ausreichend gelüftet werden, da Kondenswasser zu Fäulnis führen kann.

Ist es gelungen, die Pflänzchen während der ersten empfindlichen Periode durchzubringen, kommt die Zeit des Pikierens.

Damit beginnt man, wenn die Pflänzchen vier bis sechs Blätter ausgetrieben haben; sie sind dann leicht auszupflanzen.

Die immer wiederkehrende Frage taucht auf, was mit all den übrigbleibenden Pflanzen geschehen soll. Am besten ist, sie an Bekannte und Freunde zu verschenken, damit sie ein gutes Zuhause bekommen.

Wenn das Wetter einigermaßen mitspielt, kommt allmählich der Moment, in dem die Pflanzen in den Garten gesetzt werden können. Mit etwas Glück wird das an einem milden Regentag im Mai geschehen. Der Regen läßt die Erde nach dem Kompost riechen, den Sie im Vorfrühling eingebracht haben.

Die Blumen werden meist in Beete gepflanzt, doch haben sie natürlich auch als einjährige Randpflanzen in Rabatten einen schönen Platz.

Ab dem 23. Mai können Sie die Pflanzen ins Freie setzen, aber noch immer müssen Sie auf den Wetterbericht achten, denn ein verspäteter Nachtfrost kann beträchtlichen Schaden anrichten.

Um den Schaden in Grenzen zu halten, kann man mit schwelenden Fackeln umhergehen und Rauchschwaden erzeugen und tüchtig mit Wasser spritzen, was freilich mitten in der Nacht geschehen müßte, wenn der Nachtfrost zuschlägt.

Auf diese aufregende Periode folgt eine ruhige Zeit: ab und zu jäten Sie zwischen den Reihen, oder Sie wässern gelegentlich den zu trockenen Boden.

Die Blütezeiten der verschiedenen einjährigen Pflanzen sind sehr unterschiedlich, sie werden in der folgenden systematischen Blumenbeschreibung angegeben. Ab Juli können Sie aus dem Vollen pflücken, erst der herbstliche Nachtfrost kündet das Ende dieser Periode an. Irgendwann kommt ein Oktobermorgen, an dem die Pflanzen schwärzlich aussehen und schlaff herunterhängen. Das ist ein Zeichen, daß sie reif sind für den Komposthaufen (und nicht, wie man so oft sieht, für den Abfalleimer).

Unterdessen haben Sie aber den Dachboden, Ihren Hobbyraum oder das Treppenhaus mit den Farben eines herrlichen Sommers vollgehängt.

Acroclinium roseum oder Helipterum roseum
(Sonnenflügel)

Ihrer Form nach ähneln diese Blumen den Margeriten. Es gibt weiße Sonnenflügel mit einem gelben Herzen, rosafarbene mit gelbem Herzen (die sich meines Erachtens nur schwer mit anderen Blumen kombinieren lassen) und fast ganz rote Blumen mit schwarzem Herzen.

Oft kann man bereits Anfang Juli die ersten Blüten pflücken, wobei sich immer wieder neue nachbilden. Die Blumen können voll aufgeblüht geerntet werden, doch ist es hübsch, auch einige in der Knospe zu pflücken.

Bei feuchter Witterung schließen sich die äußeren Strahlblätter über die Herzen. Wenn Sie sich, etwa bei anhaltendem Regen, genötigt sehen, sie so zu pflücken, keine Angst: später – im Trockenen – gehen sie wieder auf. Wenn Sie die Blumen zu lang am Strauch belassen, werden sie rasch welk. Am besten hängen Sie die Blumen auf, nachdem Sie die untersten Blätter abgestreift haben.

Amaranthus
(Fuchsschwanz)

Eine recht attraktive Blume, mit langen aufrechtstehenden oder hängenden Blütenähren, in roten oder hellgrünen Farbtönen. Die Pflanzen sind einfach zu ziehen und säen sich leicht selbst wieder aus.

Der Zeitpunkt des Pflückens ist beliebig, da sich die Blüten in der Blütezeit kaum verändern.

Zum Trocknen hängen Sie die Fuchsschwänze einfach auf.

durchlässiger, nicht zu magerer nicht zu feuchter Boden

Ammobium
(Papierknöpfchen) *Ende April aussäen, später aus dünnen auf 20 cm Abstand*

Die kleinen weißen Blüten mit ihren gelben Herzen werden beim Trocknen oft schwarz.

Die Pflanzen bilden eine Rosette, aus der die fleischigen Stiele hoch emporwachsen.

Der Same keimt sehr leicht, die Blumen lassen sich daher auch gut Ende April an Ort und Stelle aussäen. Sie müssen jedoch gründlich ausgedünnt werden.

Pflücken Sie die Blüten, wenn das gelbe Herz kaum sichtbar ist.

Möchten Sie ganz weiße Blumen haben, so pflücken Sie sie vor dem Öffnen. Die Pflückzeit ist ab Mitte August.

Die Blumen lassen sich am besten verarbeiten, wenn man sie zu kleinen Büscheln zusammenbindet.

Zum Trocknen aufhängen.

D. a. hyacinthiflorum

Delphinium ajacis
(Rittersporn) *Im Herbst Reihenabstand: 30-50 cm vereinzeln auf 15 cm Abstand*

Meist findet man in den Katalogen zwei Arten von Rittersporn: die hohen Imperiales und die Hyazinthen-Rittersporne. Die Farben sind weiß, rosa, blau und lila. Beide Sorten eignen sich zum Trocknen.

Die Aufzucht ist nicht immer einfach. Auf den Packungen ist angegeben, daß gleich an Ort und Stelle ausgesät werden soll. Da die Saat aber oft schlecht keimt, ist es besser, die Hälfte in einem Kistchen auszusäen und damit später die leeren

Stellen im Beet aufzufüllen.

Sie können die Blumen im August pflücken, wenn die Blüten am Stiel möglichst weit geöffnet sind. Es ist aber ratsam, nicht zu lange zu warten, da die Blüten beim Trocknen sonst leicht abfallen.

Die Hyazinthen-Rittersporne bilden im Gegensatz zu den Imperiales keine Seitenzweige, so daß Sie die Pflanzen nach dem Pflücken gleich ausroden können.

Zum Trocknen aufhängen.

Gomphrena globosa
(Kugelamarant)

Die meist lilafarbenen, aber auch weißen und rosafarbenen Kugeln werden auf dem Markt oft als Zimmerpflanzen angeboten.

Die ziemlich kleinen «Knöpfchen» lassen sich am besten in Büscheln verarbeiten.

Ab Mitte August kann man sie pflücken. Der Zeitpunkt ist beliebig, da sie ihre Form und Farbe nur wenig ändern.

Zum Trocknen aufhängen.

Helichrysum
(Strohblume) *Anfang Mai eventl. ins Freiland, sonst Anfang April*

Dies ist die echte Strohblume, die oft viel zu steif zu den üblichen Trockengebinden verarbeitet wird, am liebsten auf Eisendraht zusammen mit einer Weizenähre auf einem winzigen Spinnrad. Doch sollte man diese Blume nicht zu gering schätzen. Sie blüht in vielen Farben, und eine gute Samenhandlung hat bis zu acht Farben in ihrem Sortiment.

Die Aufzucht der Pflanzen ist einfach, sie blühen bis in den Herbst hinein.

Die ersten Blumen blühen etwa Ende Juli. Sie können sie ruhig pflücken; die

Boden tiefgründig frisch trocken heits empfindlich. 20-30 cm Abstand

Pflanze treibt danach neue – meist etwas kleinere – Blüten aus. Man pflückt die Blumen am besten, solange die Herzen noch nicht sichtbar sind, sie gehen während des Trocknens noch weiter auf. Es empfiehlt sich, einen Teil als Knospen zu pflücken, denn sie erhöhen die natürliche Ausstrahlung beim Verarbeiten.

Nach dem Pflücken werden die unteren Blätter abgestreift. Die kahlen Stiele lassen sich leichter zusammenbinden. Binden Sie die Schnur gut fest, da die Stiele während des Trocknens wesentlich dünner werden und die Büschel leicht auseinanderfallen. Am besten nehmen Sie ein Gummibändchen statt einer Schnur.

Die oberen Blätter bleiben besser am Stiel, die Blumen wirken im Strauß sonst nackt.

Zum Trocknen aufhängen.

Helipterum sanfordii
(Gelber Sonnenflügel)

Die schönen, rein gelben Blütendolden können ihre Farbe jahrelang behalten.

Die Aufzucht dieser Pflanzen entspricht nicht immer den eigenen Erwartungen und braucht meist einige Erfahrungen. Die Pflanzen benötigen einen sehr nährreichen Boden, dennoch bleiben sie häufig mickrig, ohne daß man den Grund dafür herausbekommt.

Wenn sie jedoch gedeihen, kann man sie oft schon Ende Juni pflücken. Nach der ersten Ernte treiben zwar neue Blüten aus, doch sind sie meist kleiner. Am besten pflückt man sie erst dann, wenn die kleinen Blüten der Dolde ganz geöffnet sind.

Sie blühen nicht lange, meist können sie im August wieder ausgerodet werden.

Zum Trocknen aufhängen.

Lonas indora
(Ruhrkraut, Gelbes Ageratum)

Diese Sorte dunkelgelber Dolden aus kleinen Knöpfchen ist sehr beliebt und dankbar. Die starken Pflanzen blühen von August bis weit in den Herbst, wenn die ersten Nachtfröste kommen. Die ersten Blüten sind größer, als die später gebildeten.

Wenn die Blüten gut geöffnet sind, ist der Zeitpunkt des Pflückens nicht sehr wichtig, weil sie sich während der Blütezeit kaum verändern.

Zum Trocknen aufhängen.

Moluccella laevis
(Großer Trichterkelch, Muschelblume)

Eine noch ziemlich unbekannte Pflanze mit sehr dezenten Blüten. Die kleinen weißen Blüten sind von hellgrünen Deckblättern umgeben, die eine Kelchform bilden. Die Stiele sind ganz mit den kleinen Kelchen besetzt.

Sie lassen sich gut hängend trocknen, aber auch die Glyzerin-Methode ist erfolgreich. Die Blüten dürfen nicht zu rasch getrocknet werden, da die Kelche leicht abfallen.

Auch in frischen Sommersträußen wirken die Trichterkelche sehr dekorativ.

Sie pflücken die Kelche am besten, wenn alle Deckblätter offen sind und sich fest anfühlen. Sie blühen im späten Sommer.

Die schöne hellgrüne Farbe verändert sich durch die Einwirkung von Licht ziemlich rasch in Beige.

Nicandra
(Giftbeere)

Wenn Sie zum erstenmal Nicandra in Ihrem Garten aussäen, führen Sie damit ein neues, aber sehr hübsches Unkraut ein. Es sind große Pflanzen, die glockenförmige, hellblaue Blüten tragen.

Beim Trocknen geht es jedoch um die Fruchtkugeln, die von lampionförmigen, gelbgrün bis nahezu schwarz gefärbten Kelchblättern umgeben sind.

Diese Fruchtkugeln eignen sich für alle möglichen Arrangements; sie lassen sich auch sehr gut in Weihnachtsschmuck verarbeiten, vor allem wenn man ein ganz wenig Goldfarbe aufsprüht. Die Nicandra wird ab September gepflückt.

Lassen Sie ruhig ein paar Pflanzen stehen, die Ernte des nächsten Jahres ist dadurch gesichert.

Nigella
(Jungfer im Grünen oder Schwarzkümmel)

Die buschige Pflanze ist die wohl romantischste unter den Trockenblumen. Außer der blauen Art gibt es eine Mischform unter den Namen «Persisches Juwel». Die Samen der Nigella können direkt ins Freie gesetzt werden. Im zarten, fein gefiederten Grün erscheinen Blüten von leuchtend blauer Farbe. Die Blüten sind von einem Spitzenkragen aus fein verästelten Deckblättern umgeben.

Die Blüten lassen sich sehr erfolgreich in Sand trocknen, doch geht es hauptsächlich um die Samenkapseln, die die Form (und Farbe) von Rosenknospen haben und noch immer vom Spitzenkragen umstanden sind.

Am besten wartet man mit dem Pflükken, bis alle Samenkapseln ausgereift sind. Dann kann man die ganze Pflanze auf einmal aus dem Boden ziehen, man schneidet die Wurzeln ab und hat fertige Büschel.

Zum Trocknen aufhängen.

Physalis edulis
(Ananaskirsche)

Diese Pflanze, Ananaskirsche oder Goldenberry genannt, gehört eigentlich in den Nutzgarten.

Neugierig geworden durch die Empfehlung in einem englischen Samenkatalog, habe ich diese Art Lampionblume vor Jahren zum erstenmal ausgesät.

Im Frühherbst hoffte ich die reifen Früchte zu ernten, aber ich hatte kein Glück! Offenbar sind die europäischen Sommer manchmal zu armselig für dieses Gewächs. Es bildeten sich zwar hübsche hellgrüne Lampions, aber die Beeren darin waren nicht genießbar.

Die Lampions ließen sich hingegen gut trocknen und behielten die schöne hellgrüne Farbe, die einem Trockenstrauß die Lebendigkeit von frischen Blumen verleiht.

Einen hübschen Anblick bieten die Lampions, wenn man sie vier- bis fünfmal

eingeschnitten hat. Es entsteht die Form einer sternförmigen grünen Blüte mit einer runden Kirsche in der Mitte. Und wer weiß, vielleicht werden die ersten Kirschen sogar reif!

Rhodante
(Papierblume)

(handschriftlich: (näßeempfindlich) Helipt. mangl. Album Maculatum (großer im Wuchs) trocken, humos, sonnig)

Diese Pflanze ist auch unter dem Namen *Helipterum manglesii* bekannt, und man verwechselt sie leicht mit der *Helipterum sanfordii*, obwohl sie sich äußerlich überhaupt nicht ähnlich sehen.

Die Rhodante hat kleine, rosafarbene oder weiße Blüten mit silbernen Knospen, die Herzen sind gelb.

Die Pflanzen lieben einem humusreichen Boden. Ebenso wie die *Helipterum sanfordii* gehören sie zu den Blumen, die am frühesten – Ende Juni – geerntet werden.

Pflücken Sie die Blumen, wenn einige Blüten am Zweig geöffnet sind; die silbern glänzenden Knospen sind nicht minder reizend an dieser Pflanze, als die Blüten.

Die verbleibenden Stiele bilden keine neuen Blüten mehr, so daß Sie diese Pflanze früh ausroden können.

Zum Trocknen aufhängen.

(handschriftlich: Aussaat Ende April/Anfangs Mai oder Febr. in Blumentöpfen auf Fensterbank)

Statice (limonium) sinuata
(Statize, Strandnelke)

Eine sehr bekannte Trockenblume, die heute das ganze Jahr über in Blumengeschäften und auf dem Markt erhältlich ist. Am häufigsten trifft man die blaulila Sorte an, die jedoch meiner Ansicht nach nicht die schönste ist. Die Statizen bilden Dolden aus kleinen, dunkelrosa, weißen, gelben, blauen und lilafarbenen Blüten.

Kaufen Sie einmal eine Packung mit gemischten Farbsorten: Sie können dabei hübsche Überraschungen erleben, z. B. eine blaßlila oder ungewöhnliche gelbrosa Kombination.

Als Ergänzung in einem Strauß sind Statizen sehr gut verwendbar.

Während des Wachstums wollen sie in der prallen Sonne stehen. Ein verregneter Sommer reduziert die Ernte, denn die Blüten verfaulen, ehe sie sich öffnen. Pflücken Sie sie möglichst an trockenen Tagen, wenn die meisten Blüten geöffnet sind.

Die Pflanzen treiben bis zum ersten Nachtfrost im Herbst neue Blüten aus.

Machen Sie die Büschel nicht zu groß, da die Blumen leicht schimmeln, verändert sich die Form der Dolden.

Statice suworowii
(Statize, Strandflieder)

Auch diese Pflanze mit ihren langen, lilafarbenen Blütenähren ist gut bekannt. Die Ähren tragen winzige Blüten.

Der Anbau ist nicht immer leicht, denn diese Sorte Statize wünscht viel Sonne. Die Jungpflanzen müssen rechtzeitig vorgezogen werden, wenn Sie kräftige Pflanzen erhalten wollen.

Die ersten Ähren entfalten sich groß, danach bilden sich zwar neue, aber sie sind wesentlich kleiner.

Die Blütezeit beginnt Mitte Juli.

Man sollte Strandflieder möglichst vorsichtig pflücken, weil man dabei leicht die ganze Pflanze ausreißen kann. Für ein großes Bündel zum Trocknen benötigt man ziemlich viele Pflanzen. In Sträußen wirken sie sehr dekorativ und können die Form eines ganzen Arrangements bestimmen.

Zum Trocknen aufhängen.

Xeranthemum annuum

(Papierblume, Papiersternchen, Immortelle)

Die Blumen kommen in den Farben Weiß und Lila am häufigsten vor. In Päckchen mit gemischten Samen sind auch rosafarbene und hellila Zwischentöne enthalten. Die Blüten stehen sternförmig auf steifen Stielen.

Durch diese Eigenschaft sind sie gut in Sträußen zu verarbeiten. Die weiße Sorte eignet sich für Weihnachtsdekorationen, für Weihnachtskränze und -kugeln und für Pyramidenbäumchen (siehe Seite 69 und 73).

Eine einzige Pflanze liefert eine wahre Blütenfülle. Wenn die ersten Blüten im August aufgehen, können sie bis in den Herbst hinein geerntet werden. Der Frost beendet die Blütezeit. Pflücken Sie die Blüten, wenn sie gerade voll geöffnet sind, aber nehmen Sie auch einige Knospen dazu.

In großen Gebinden können Sie die Blüten am besten in Büscheln verarbeiten.

Zum Trocknen aufhängen.

*In diesem «En face»-Bukett kommen viele
sandgetrocknete Zinnien vor. Die Farbe der Blüten finden wir auch in den
Prunus-Blättern und dunkelroten Hortensien.*

Stauden

Das Trocknen von Staudenblüten ist voller Überraschungen. Es ist gut möglich, daß Sie in den nachstehenden Beschreibungen Sorten entdecken, die längst in Ihrem Garten stehen, von denen Sie nur nicht wußten, daß sie sich als Trockenblumen eignen.

Wenn in Ihrem Garten im Laufe der Zeit Stauden immer mehr vorherrschen, damit Sie Ihrem Trockenblumen-Hobby nachgehen können, und diese Stauden in dem Moment kahlgepflückt werden, in dem sie prächtig blühen, dann wird das in vielen Fällen kaum jemandem gefallen. Etwas Überlegung ist deshalb geboten, welche Stauden in Ihrem Garten wachsen sollen. Wenn genügend Platz vorhanden ist, können Sie z. B. möglichst viele verschiedene Stauden anpflanzen, so daß nicht alle auf einmal gepflückt werden.

Die folgenden Beschreibungen von Stauden geben nur wenige Hinweise für ihre Kultivierung, für Standort und Bodenart an. Gute Gartenbücher oder Kataloge von Blumenzüchtern mögen Sie darüber ausreichend informieren.

Wenn nicht anders angegeben, werden die Blumen in voller Blüte bei trockenem, sonnigem Wetter gepflückt und hängend getrocknet (siehe auch Seite 13).

Acaena repens
(Stachelnüßchen)

Eine hübsche Felsenpflanze, die sich auch zwischen die Steine einer Terrasse oder eines Plattenweges anpflanzen läßt. Dekorative Blätter und braunrote kleine Früchte. Sie werden im August gepflückt, sobald die Stacheln schön rot gefärbt sind.
Blütezeit: Juni – Juli.

Achillea
(Schafgarbe)

Wohl jedem wird bekannt sein, daß diese Blumen getrocknet werden können. Die bekannteste Varietät ist die *Achillea filipendulina «Parker's Variety»*: ockergelbe Blütendolden. Blütezeit: Juli – August.

Hybrid Moonshine: eine niedrigere Achillea-Art mit graugrünen Blättern und schwefelgelben Blütendolden. Blütezeit: Juni – Juli.

Achillea millefolium «Cerise Queen»: in allen Rosatönen bis zum Karminrot. Diese Achillea-Art hat einen wuchernden Wurzelstock und eignet sich besonders für ein wildes Garteneckchen. Blütezeit: Juli – August.

Die oben genannten Achillea-Arten pflücken Sie, wenn die Blütendolden rund ausgewachsen sind, die eigenartigen Blütenkörbchen stehen dann in Blüte.

Ptarmica «Perry's White»: eine Achillea-Art mit ganz anderen Blüten, mit gefüllten weißen Knöpfchen. Eine hübsche Trockenblume, die sich am schönsten in kleinen Tuffs verarbeiten läßt.

Aconitum
(Eisenhut)

Die Pflanze hat schöne lockere Blütentrauben in verschiedenen Farbtönen von hellviolett bis blaulila.

Die Hybriden sind unterschiedlich in Farbe und Blütezeit, und sie eignen sich gut für Kombinationsmöglichkeiten in Rabatten.
Blütezeit: Juli – September (abhängig von dem mehr oder weniger schattigen Standort).

Alchemilla mollis
(Frauenmantel)

Eine Pflanze, die in keinem Garten fehlen sollte. Mit ein paar Tropfen Regen oder Tau auf den flaumigen Blättern ist sie bildschön. Lockere, grüngelbe Blütendolden, die man pflückt, wenn die kleinen sternförmigen Blüten weit herausgewachsen sind.
Blütezeit: Juni (manchmal wächst eine zweite Blüte im Herbst nach).

Allium
(Zierlauch)

Eine weit verbreitete Pflanzenfamilie, von der sich einige Arten gut zum Trocknen eignen. Eine brauchbare Richtlinie: alle kompakt blühenden Blumenkugeln sind geeignet.

Die *Allium schoenoprasum* ist als Schnittlauch bekannt. Die Pflanze läßt sich auf zweierlei Arten verwenden, als wohlschmeckendes Gewürz in Speisen (vor der Blüte pflücken) und als hübsche, fahlrosa Trockenblume (vor dem völligen Auswachsen pflücken).

Allium giganteum: Die Pflanze hat sehr große violette Blütenkugeln mit langen Stengeln, für üppige Sträuße geeignet. Blütezeit: Juli – August. Pflücken, wenn die Blüten rundherum offen sind.

Porree (Lauchgemüse) ist unter den Stauden vielleicht nicht ganz richtig am Platz. Wenn Sie jedoch einen Nutzgarten haben, lassen Sie ein paar Pflanzen stehen. Sie werden im nächsten Jahr, im Juli, sicher blühen.

Anaphalis margaritacea
(Silberimmortelle, Perlpfötchen)

Die elfenbeinweißen Blütenköpfchen pflückt man am besten vor der vollen Blüte. Das flaumige Blütenherz verfärbt sich gelbbraun. Wollen Sie den Farbton etwas auffrischen, dan «zupfen» Sie das Herzchen heraus (eventuell mit einer Pinzette). Diese Beschäftigung ist für Heuschnupfen- und Allergieanfällige zwar nicht zu empfehlen, aber man erhält einen überraschenden, grüngrauen Blütenboden.

Blütezeit: Juli – August.

Hybrid Schwefellicht: schwefelgelbe Blüten und schöne silbergraue Blätter, die Sie nicht abstreifen sollten. Sie können gepflückt werden, wenn das Herz (dunkelgelb) sichtbar wird.

Blütezeit: Juli – August.

Artemisia albula «Silver Queen»
(Beifußgewächs)

Stiele mit schönen, spitzen silbergrauen Blättern.

Am Ende der Sommersaison blüht die «Silver Queen» sehr bescheiden; mit dem Pflücken sollte man warten, bis die Zweige Seitensprossen ausgetrieben haben.

Auch andere Artemisia-Arten sind als Trockenpflanzen geeignet, z.B. der echte Beifuß und der Wermut. Außerdem vertreiben diese Pflanzen Maulwürfe, Mäuse und Schädlinge.

Armeria maritima
(Grasnelke)

Eine altmodisch anmutende Pflanze, die Erinnerungen an Gärten mit Kieselwegen wachruft, an deren Ränder diese Pflanzen einst standen.

Auf den Watteninseln vor den Küsten von Holland und Deutschland kommt die Pflanze häufig wild vor. Sie läßt sich leicht aus Samen ziehen.

Pflücken, ehe die karminrose Blüten geöffnet sind.

Blütezeit: Juni – Juli.

Astilbe arendsii hybrid
(Prachtspiere)

Eine Pflanze, die zu Unrecht mehr unter dem Namen Spirea bekannt ist. Wenn Sie dieser Pflanze einen Platz in Ihrem Garten einräumen wollen, setzen Sie sie an einen feuchten Ort (schön an einem Teich!). Verschiedene Farbtöne von Rosa bis Rot.

Blütezeit: Juli – August.

Chinensis: dunkelrosa Astilbenart, die auch an einem trockeneren Standort gedeiht.

Blütezeit: Juli – August.

Astrantia alba, Astrantia rubra
(Sterndolde)

Die weißgrünen (Astrantia alba) oder dunkelrosa bis roten (Astrantia rubra) Blüten ähneln Miniatur-Biedermeiersträußchen.

Blütezeit: Juni – August.

Sie pflücken die Blumen, wenn die Staubfäden gut sichtbar sind.

Wenn sie hängend getrocknet werden, schließen sie sich ein wenig, aber die Farbe bleibt erhalten. Besonders schön werden sie, wenn sie im Sand getrocknet werden.

Calluna vulgaris
(Heidekraut)

Von der Besenheide gibt es verschiedene Sorten in allen möglichen Farbtönen der Blüten und des Laubes.

Blütezeit: je nach Sorte sehr unterschiedlich.

Die Pflanzen werden gepflückt, wenn die Blüten entlang der Rispen zum größtenteil geöffnet sind.

Wenn man sie mit Haarlack besprüht, fallen die Blüten weniger rasch aus. Sie können sie auch einige Tage in Glyzerin stellen (siehe Seite 17).

Carlina acaulis caulescens
(Silberdistel)

Die bleichweißen Blütenböden sind umstanden von silbernen «Blättern».

Sie eignen sich für große Arrangements.

Blütezeit: Juli – September.

Centaurea macrocephala
(Flockenblume)

Die Centaurea sieht mehr einer Distel ähnlich als einer Kornblumenart, zu der sie gezählt wird. Die Blüte ist wie eine gelbe Puderquaste.

In voller Blüte pflücken, sie bleiben schön gelb gefärbt. Wenn Sie es nicht übers Herz bringen, eine solch wunderschöne Erscheinung in ihrer vollen Pracht zu pflücken, warten Sie, bis die Blumen abgeblüht sind; der Blütenboden ähnelt einer goldglänzenden Margerite.

Blütezeit: Juni – Juli.

Cynara scolymus
(Artischocke)

Wenn Sie sich für das Trocknen von Artischocken entscheiden, die uns ja eher als Gemüse zum Essen bekannt sind, lassen Sie die Knospen wachsen, bis sie sich gerade geöffnet haben. Es entwickelt sich eine lila Blüte, die sehr hübsch in rustikalen Sträußen aussieht.

Blütezeit: Juli – August.

Dieselben Blüten, wenn auch wesentlich kleiner, erhalten Sie von Spanischen Kardonen.

Delphinium «Pacific Giants»
(Stauden-Rittersporn)

Die Blüten lassen sich gut trocknen. Die Seitenzweige, die sich nach dem Abschneiden des Haupttriebes bilden, sind zierlicher und gut für kleine Sträuße geeignet.

Die Zahl der Farbvarietäten reichen von Hellblau bis Purpur, mit oder ohne dunkle Herzen.

Man pflückt sie, wenn die Blütentrauben zum größten Teil offen sind.

Blütezeit: Ende Juni – Juli.

Die Farbe, vor allem der dunkelblauen Sorten, bleibt jahrelang schön.

Dipsacus fullonum
(Weberkarde)

Die Zuchtform der walzenförmigen Karde (zweijährig) ist ein guter Ersatz für die (geschützte) wilde Art.

Wenn man sie vor der Blüte pflückt, bleibt ihre Farbe heller.

Blütezeit: Juli.

Es empfiehlt sich, gleich möglichst viele Blätter und Stacheln zu entfernen, beim Trocknen der Pflanze werden die Stacheln immer schärfer.

Echinops banaticus
(Kugeldistel)

Diese Distel pflücken Sie kurz vor der eigentlichen Blüte, wenn die Kugeln rundherum blau, die Röhrenblüten aber noch nicht erschienen sind (die Distel fällt sonst nach dem Trocknen rasch aus).

In den Sommermonaten gibt es beim Blumenhändler frische Sträuße Kugeldisteln (häufig mit gelber Achillea kombiniert), die aus mir unbekannten Gründen immer viel blauer sind als die aus dem

Dieser Sommergarten ist bepflanzt mit Blumen und Pflanzen,
die getrocknet werden können.

eigenen Garten. Ich kaufe mir deshalb hin und wieder einen Strauß.

Eryngium planum
(Blaue Edeldistel)

Wenn Sie wirklich stahlblaue Stengel und Blütenköpfe erhalten möchten, geben Sie der Pflanze einen besonders warmen und sonnigen Platz und eine extra Schaufel Kalk (in den Boden). Man sollte sie ernten, wenn die gesamte Pflanze am blausten ist.
Blütezeit: Juli – August.

Gypsophila paniculata
(Schleierkraut)

Die Pflanze ist in den letzten Jahren zur Modeblume geworden; kaum ein Strauß, der nicht mit Schleierkraut aufgelockert wird.

Der Blumenhändler verkauft das ganze Jahr hindurch frische Sträuße, die so festlich aussehen, daß sie meines Erachtens nicht mit Chrysanthemen oder rosa Nelken kombiniert zu werden brauchen, aber die Geschmäcker sind verschieden.

Falls Sie sie selbst im Garten haben, pflücken Sie einen großen Strauß (in voller Blüte) und stellen Sie ihn in ein Gefäß mit wenig Wasser, in dem Sie ihn austrocknen lassen. Auch hängend Trocknen ist möglich.
Blütezeit: Juli – August.

Lavandula angustifolia
(Lavendel)

Vor allem als duftendes Kraut bekannt, aber Sie können die blauen Blüten auch gut in Trockensträußen verarbeiten, denen Sie auf diese Weise einen Duft beigeben.

Kurz vor der vollen Blüte pflücken.
Blütezeit: Juni – Juli.

Leontopodium alpinum
(Edelweiß)

Sie brauchen dafür nicht auf Alpenweiden zu steigen (Edelweiß gehört zu den geschützten Pflanzen); auf einem sonnigen Fleckchen im eigenen (Felsen-) Garten gedeihen die Pflanzen ebenfalls gut.
Blütezeit: Juli – August.

Liatris spicata
(Prachtscharte)

Obwohl dieser violette «Feuerpfeil» sich gut trocknen läßt, konnte ich mich bisher nicht entschließen, ihn anzupflanzen, vielleicht, weil er so wenig nach einer Blume aussieht.

Beim Blumenhändler ist er aber oft zu haben.

Die aufrechte, buschige Pflanze wirkt wie ein dichter, ährentraubiger Blütenständer, wenn sie von oben nach unten aufblüht. Sie wird gepflückt, wenn die Blüten größtenteils offen sind.
Blütezeit: Juli – August.

Limonium latifolium
(Strandflieder, mehrjährige Statize)

Die Pflanze blüht lockerer als die einjährige Statize und hat bläuliche Blüten, die, in voller Blüte gepflückt, ihre Farbe gut halten.

Bei regnerischem Wetter gehen die Blüten nicht auf, Sie können sie zwar pflücken, doch verlieren sie an Farbe.
Blütezeit: August.

Lythrum hybrid
(Weiderich)

Schön gefärbte Pflanzen für feuchte und nasse Böden, die auch von Rändern an Gräben her bekannt sind. Die Zuchtformen blühen in rosa bis lila Farbtönen.
Blütezeit: Juni – September.
Bei raschem Trocknen bleiben sie sehr schön.

Monarda didyma
(Bienenbalsam, Indianernessel)

Eine schöne tiefrote Blume mit besonderem Duft und hübschen Blütenquirlen. Gut zu verarbeiten in lustigen Sträußen, etwa mit grüngrauen Farbtönen, kombiniert mit weißen und roten Rosen.
Blütezeit: Juli – August.
Die Blätter schmecken übrigens gut in einer Tasse Tee.
Die Hybriden gibt es auch in rosa und lila Farben.

Nepeta faassenii
(Katzenminze, Katzenkraut)

Katzen sind ganz verrückt nach dem Duft dieser Pflanze, im Gegensatz zu Ungeziefer (u.a. Läuse).

Helle lila-blaue Blüten, die man pflückt, wenn die Blütenähren größtenteils offen sind.
Blütezeit: Juni – September.

Origanum vulgare
(Wilder Majoran)

Rosa Blütenköpfchen auf langen Stielen, die man mit den Blättern trocknet.

Zur Verarbeitung können Sie ruhig einige der dunkelgrünen Blätter stehen lassen (schönes Füllmaterial, hält die

Verschiedene Stauden:
1. Eisenhut
2. Goldrute
3. Achillea ptarmica
4. Anaphalis Schwefellicht
5. Anaphalis triplinervis
6. Edelweiß
7. Acaena
8. Artemisia Silver Queen
9. Astrantia alba und rubra
10. Santolina (vor der Blüte)
11. Strandflieder Zuchtform
12. Centaurea macrocephalea

Biedermeierstrauß (siehe Seite 63)
1. Lampionblume
2. Eiförmiges Strandgras
3. Helichrysum
4. Straußgras
5. Lonas Indora

Farbe gut). Abgestreifte Blätter lassen sich als Gewürzkräuter verwenden (Siehe auch Seite 81).

Blütezeit: Juli – Spätherbst.

Die Kelchblüten der Blumenköpfe öffnet sich nicht gleichzeitig. Der Zeitpunkt des Pflückens ist nicht so wichtig; nach dem Trocknen werden die Blumen dunkler.

Physalis franchetti
(Judenkirsche, Lampionblume)

Wer kennt sie nicht: oft mit Judaspfennig und Zierhafer in einen hübschen Kupferkessel gesteckt, wirkt sie wie ein Hauch von Sommer oder ewigem Herbst. Die Lampions sehen ganz anders aus, wenn Sie nach dem Trocknen die Kelche vorsichtig von der Spitze aus in vier Teile aufreißen; die nun sternförmigen Blüten werden einzeln an Eisendraht befestigt.

Sie werden im September gepflückt, wenn die Lampions ganz verfärbt sind.

Polygonum affine
(Teppichknöterich)

Eine immergrüne Staudenpflanze, die den Boden dicht bedeckt. Die Ähren blühen in rosa und dunkelrot. Die Blumen werden gepflückt, wenn die dichten Ähren in ganzer Länge in Blüte stehen.

Blütezeit: August – September.

Santolina chamaecyparissus
(Heiligenblume)

Ein strauchartiges Gewächs, auch für kleine Hecken geeignet. Die Pflanze behält ihre schönen, grauweißen Blätter und blüht mit zitronengelben Blütenknospen.

Blütezeit: Juni – Juli.

Solidago canadensis
(Goldrute)

Eine richtige Pflückpflanze mit dunkelgelben Blütenrispen. «Canadensis» ist die häufigste Sorte, sie kommt auch am Wegrain vor.

Verschiedene Hybriden haben nicht nur andere Farben (schwefelgelb und goldgelb), sondern auch anders geformte Blütenrispen, die nicht im Ganzen verarbeitet werden müssen. Sie können zum Beispiel einige Blütenrispen zusammenbinden und in einem nicht zu großen Strauß verwenden.

In voller Blüte pflücken.

Blütezeit: Juli – September.

Stachys lanata
(Eselsohr, Wollziest)

Eine niedrige Pflanze mit grauen filzigen Blättern, die sich auch gut flach trocknen lassen – Stengel und Blütenähren. Die lila Blüten sind nicht wichtig für das Trocknen.

Die Blütenähren wachsen lang weiter, die Zeit des Pflückens richtet sich daher danach.

Junge Eselsohren (vor der Blüte gepflückt), lassen sich samt den Blättern gut in Glyzerin konservieren.

Callicarpa bodinieri
(Schönfrucht)

Ein Strauch, der im Winter die Blätter abwirft, dann aber prächtige, lila Beeren trägt. Sie vermehren die Beerenfülle, wenn Sie mehrere Sträucher dicht nebeneinander anpflanzen. So können sie sich gegenseitig besser bestäuben. Sie werden gepflückt, ehe allzu strenge Nachtfröste auftreten.

Caryopteris clandonensis
(Bartblume)

Ein ziemlich niedriger Strauch mit aromatisch duftenden, blauvioletten Blütenähren.

Blütezeit: September.

Sie können im Herbst recht lange Zweige abschneiden (hängend trocknen). Der Strauch blüht auf einjährigem Holz, so daß ein Rückschnitt der Triebe die Pflanze kräftigt.

Beim Verarbeiten werden die Blütenähren, mit Draht zu Büscheln gebunden, verwendet.

Cotinus coggygria
(Perückenstrauch)

Ein hoher Strauch (2 – 3 m) mit schönen runden Blättern. Die Sorte «Royal purple» hat dunkelrote Blätter.

Im Juli treibt der Strauch behaarte Blütenstiele aus, die den ganzen Strauch bedecken und ihm das perückenartige Aussehen geben.

Die Stiele verfärben sich von Rosa nach Rot.

Pflückzeit: August.

Rubus phoenicolasius
(Japanische Weinbeere)

Die sommergrünen Sträucher blühen mit blaßrosa Blüten. Zum Trocknen sind vor allem die Deckblätter interessant. Sie sind dunkelrot und behaart, und sowohl vor als auch nach der Fruchtbildung zu pflücken. Außerdem liefert der Strauch schön geformte, grüne Blätter mit grauer Unterseite, die sich gut in Sträußen verarbeiten lassen.

Verschiedene Hortensiensorten:
1. *Hydrangea macrophylla, rosa, getrocknet*
2. *Hydrangea macrophylla, weiß, getrocknet*
3. *Hydrangea macrophylla, blau*
4. *Hydrangea petiolaris*
5. *Hydrangea paniculata*
6. *Hydrangea*

Hortensien
und Rosen

Bei der systematischen Vorstellung der verschiedenen Blumenarten habe ich die beiden Grundpfeiler des Blumentrocknens bisher weggelassen: die Hortensien (Hydrangeen) und die Rosen; denn sie sind unentbehrlich und verdienen ein eigenes Kapitel.

Hortensien

Die Hortensien sind eine weit verbreitete Familie von Gartensträuchern.

Hier werden nur die bekanntesten Arten vorgestellt: Hydrangea macrophylla, Hydrangea petiolaris und Hydrangea paniculata.

Hydrangea macrophylla oder *Gartenhortensie*

Es ist eine etwas altmodische Pflanze, die in Töpfen und im Garten gezogen werden kann.

Sie ist nicht besonders winterhart: dennoch bilden sich die Knospen im Herbst, und die künftigen Blüten laufen Gefahr, in einem strengen Winter zu erfrieren.

Das Abschneiden der Blüten tut den Sträuchern gut, aber schneiden Sie die Stiele möglichst kurz, damit Sie nicht versehentlich die Blüten des nächsten Jahres wegnehmen.

Gegen ein mögliches Erfrieren ist das Abdecken oder sogar Einwickeln mit Stroh zu empfehlen.

In unserem Klima erreichen die Pflanzen nie die Größe und Üppigkeit ihrer überseeischen Verwandten in Irland und Südengland. Dort sind auch die Farben überwältigend schön: riesige Bälle in leuchtendem Blau und schönem Rosa.

Am interessantesten ist auch bei uns die Farbe, vor allem aber die Verfärbung im Spätsommer. Die Farbe kann man gelegentlich beeinflussen, indem man alte, rostige Nägel, Kupferpfennige oder Alaun in Wurzelnähe in den Boden einbringt. Allerdings habe ich diesen Ratschlag nie selber nachprüfen können.

Zu Beginn der Blüte haben die Blumen eine ziemlich gleichförmige blaue, weiße oder rosa Färbung; sobald die Nächte kälter werden, ändern sich die Blüten. Sie fühlen sich nun etwas lederartig an und zeigen oft eine grünliche Verfärbung, gleichzeitig wenden sich die Blüten mit den Stielen vom Licht ab.

Vor allem die ineinander verlaufenden Farben sind prachtvoll, so daß man sie der Farbe wegen sehr gut zum Arrangieren verwenden kann. Oft stellen die in einer Blüte auftretenden Farben einen Anhaltspunkt zur Verwendung anderer Blumen und Samen dar.

Pflücken Sie die Blumen nicht, bevor sie sich vom Licht abgewendet haben und sich etwas lederartig anfühlen. Schauen Sie besonders nach den Blüten im Strauchinneren, oft findet man dort die am schönsten verfärbten Exemplare. Eine Hortensie, die nicht genügend «reif» ist, kann unansehnlich verschrumpeln.

Hortensien bleiben nur kurze Zeit schön, selbst wenn Sie sie in Wasser stellen. Werden sie jedoch im oben beschriebenen Zustand gepflückt, so können Sie sie auf vielerlei Art trocknen: hängend oder liegend, oder in einer Vase, aus der Sie das Wasser allmählich verdunsten lassen. Die einzige Art, in der Sie junge Hortensienblüten trocknen können, ist im Sand. Sehr große Blütendolden zerpflücken Sie in kleinere Tuffs, die Sie einzeln in den Sand legen nach der Methode, die auf den Seiten 18–21 ausführlich beschrieben wurde. Hortensien trocknen rasch und halten gut die Farbe.

Auch der Form nach eignen sich die Blumen hervorragend zum Zusammenstellen von Arrangements, sie bilden ein ausgezeichnetes Füllmaterial. Die Blüten sitzen sehr dicht aneinander in den Blütenständen und sind als Untergrund unentbehrlich.

Hydrangea petiolaris oder *Kletterhortensie*

Diese ganz andere Sorte als die «üblichen» Hortensien gedeiht gut an nördlichen Mauern. Die Pflanze heftet sich selbst an den Untergrund fest.

Im allgemeinen dauert es einige Jahre, bis die Pflanze sich richtig entwickelt, wenn sie aber einmal angefangen hat zu wachsen, bedeckt sie bald große Mauerflächen.

Die Blüten, die im Juni am Strauch erscheinen, sehen aus wie eine duftige Spitze durch die Kombination kleiner fertiler Blüten im Doldeninneren und steriler weißer Blüten am äußeren Rand. Im Laufe der Zeit färben sich die weißen Blüten grün und wenden sich nach unten, zu diesem Zeitpunkt sind sie am besten zu pflücken. Solange sie noch weiß sind, kann man sie nur im Sand trocknen.

Diese Blume eignet sich beispielsweise besonders gut für ein als Wandschmuck gedachtes Gesteck: sie füllt den Untergrund und ist doch duftig.

Hydrangea paniculata oder *Rispenhortensie*

Diese Pflanze erfordert einen nicht zu trockenen, nährstoffreichen Boden.

Die Blumen bilden große, etwas birnenförmige Dolden aus sterilen Blüten.

Sie sind anfangs weiß bis hellrosa und verfärben sich allmählich zu einer Kombination aus Dunkelrosa und Grün.

Pflücken Sie die Blüten erst, wenn sie sich kräftig verfärbt haben und ein wenig papierartig anfühlen.

Rosenapplikation, aus hellrosa und grünen
Farbtönen aufgebaut. Die Arbeitsbeschreibung der
Applikation finden Sie auf Seite 62.

Danach können Sie sie aufhängen oder in eine Vase stellen, aus der Sie das Wasser langsam verdunsten lassen.

Auch diese Sorte eignet sich sehr gut zum Arrangieren. Mit ihren oft sehr schönen, ineinander verlaufenden Farbtönen mit nur wenig ausgeprägtem Charakter bilden sie eine ausgezeichnete Grundlage (siehe die Abbildung mit Rosen und grüner Applikation). Die Blüten werden allerdings nach dem Trocknen sehr brüchig, so daß Sie die verschiedenen Tuffs mit Stielen aus feinstem Eisendraht versehen müssen.

Rosen

Die Rosen sind in allen ihren Erscheinungsformen der Mühe wert, ob es sich nun um wilde Sorten oder die mit größter Sorgfalt gezüchteten Teerosen handelt.

Erst in den letzten Jahren spielen die Rosen beim Blumentrocknen eine Rolle. Meist sind es hängend getrocknete Rosenknospen, doch vereinzelt findet auch eine halboffene Rose ihren Platz im Strauß.

Die einfachste Methode ist das Trocknen der Knospen oder nur kaum geöff-

neten Rosen durch Aufhängen. Ein warmer Raum ist dabei zu empfehlen, da sie bei raschem Trocknen besser die Farben behalten. Die Blüten schrumpfen zwar ein wenig und ihre Farbe wird dunkler, doch bleiben sie als Rosen erkennbar und das Ergebnis ist befriedigend.

Bestens geeignet sind die Rosen, die im Juli und August oft zu kleinen Preisen auf dem Markt angeboten werden. Auch Rosenknospen aus dem eigenen Garten lassen sich gut verwenden. Vor allem bei den reich blühenden botanischen Arten kann man ohne weiteres ein paar Knos-

Blumen aus der Rosenapplikation:
1. Briza media
2. Rispenhortensie
3. Beetrose
4. Polygonum affine
5. Jungfer im Grünen
6. Agrostis nebulosa

pen abschneiden. Viele Arten haben einen wunderbaren Duft, der erstaunlich lang haften bleibt.

Das beste Resultat erhalten Sie, wenn die Knospe bereits die Kronblätter zeigt, wenn sich die ersten Blüten- oder Kronblätter ein wenig aufrollen.

Meist muß man die Knospen kurz abschneiden, da sonst zu viele «unreife» Knospen mitgeschnitten würden. Sie lassen sich dann schwer aufbinden.

Sie können sie auch einfach ausgebreitet auf einem trockenen, möglichst warmen Platz trocknen lassen. Wenn Sie jedoch Zeit haben, empfiehlt es sich sehr, die Knospen gleich mit Stielen zu versehen (siehe Seite 20) und sie als Büschel zusammenzubinden.

Wenn Sie Wert auf eine sehr schön erhaltene Rose legen, sollten Sie die Sandmethode (siehe Seiten 18–21) anwenden, auch wenn Sie nur wenige Rosen im Jahr brauchen. Nehmen Sie nie eine Rose, die voll geöffnet ist, die Blätter würden sofort abfallen, wenn Sie sie aus dem Sand herausnehmen.

Es gibt auch die Möglichkeit, eine offene Rose zu trocknen. Dazu müssen die Blätter einzeln in der richtigen Reihenfolge in den Sand gesteckt werden und später Stück für Stück auf den Blütenboden geklebt werden. Das ist zwar eine tüftelige und zeitraubende Arbeit, aber das Ergebnis ist entsprechend gut.

Zum Trocknen einer Rose reichen etwa vier Tage. Nützen Sie den nun noch weichen Blütenboden aus, um den Stiel anzudrahten. Der Boden wird später steinhart, so daß man den Stiel nur aus Blumendraht machen kann, den man um den ursprünglichen Stiel wickelt. Da dieser jedoch leicht abbricht, wird es dann schwierig, eine andere Lösung zu finden.

Auch die mit einem Stiel versehenen Rosen können Sie zu Büscheln binden und aufhängen. Wenn Sie die Blüten etwas auseinander biegen, behalten sie ihre perfekte Form. Etwas Haarlack als Schutzschicht verlängert die Haltbarkeit der Rosen. Sprühen Sie aber nicht zu viel, sonst bekommen die Rosen einen unnatürlichen Glanz.

Am besten eignen sich Rosen, die sich gerade etwas geöffnet haben. Viele einfache Strauchrosen sind gut verwendbar, aber auch Schnittrosen vom Blumenhändler lassen sich sehr gut verarbeiten.

Ungefüllte Rosen, etwa die vielen botanischen Arten der *Heckenrosen*, kommen zwar in gutem Zustand aus dem Sand, werden aber bei großer Luftfeuchtigkeit bald wieder schlaff. Die gefüllten Rosen hingegen bleiben jahrelang schön.

Eine tiefrote Rose wird in der Farbe oft noch dunkler und das Ergebnis befriedigt nicht immer. Hellere Farben sind daher vorzuziehen, da die meisten Farben beim Trocknen im Sand nachdunkeln.

Außer den Knospen und Blüten müßte man auch die *Hagebutten* erwähnen, doch schrumpfen die meisten Arten stark ein und verlieren ihr hübsches Aussehen. Je kleiner die Hagebutten sind, desto besser das Ergebnis. Am besten eignen sich die Hagebutten von «Rosa multiflora». Die Art wird oft in öffentlichen Parks angepflanzt.

Trotz vielerei Versuche ist es mir noch nicht gelungen, eine gute Methode zum Konservieren der Früchte zu finden. Alle Anregungen sind daher herzlich willkommen.

Sommerliche Wildblumen, die man häufig
auf Brachfeldern und an Deichen sieht. Von diesen Blumen
können Sie folgende trocknen:
1. Rainfarn
2. Beifuß
3. Verschiedene Grasarten
4. Hirtentäschel
5. Klatschmohn (etwas später können Sie
die Samenkapseln trocknen)
6. Sauerampfer

Blumen am Wegrand

Wohl jeder geht hin und wieder in die Knie, um eine Blume zu pflücken. Kinder pflücken Feldsträuße und flechten Kränze aus *Maßliebchen*. Und wenn wir zu einem Spaziergang aufbrechen, kommen wir nicht selten mit einem am Wegrand gepflückten Blumenstrauß heim.

Ein harmloses Vergnügen, doch müssen wir uns bewußt sein, daß die Mannigfaltigkeit der Pflanzen unserer nätürlichen Umgebung immer stärker bedroht ist. Es ist daher nötig, seinen gesunden Verstand zu gebrauchen und mit Überlegung zu pflücken.

Dazu bedarf es einiger Richtlinien. Anfang Juni können Sie beispielsweise ohne Bedenken und ohne Schaden anzurichten roten Sauerampfer, weiße Achillea (Schafgarbe) und vor allem Wildgräser pflücken, die dann in großer Vielfalt zu finden sind.

Benutzen Sie dazu ein scharfes Messer, damit Sie nicht den ganzen Wurzelballen aus dem Boden reißen. Auch sollte niemals eine einzelne Pflanze völlig kahl gepflückt werden, wandern Sie lieber ein wenig weiter, bis Sie wieder eine der begehrten Pflanzen entdecken.

Glücklicherweise ist neuerdings viel von einer umweltfreundlicheren Bewirtschaftung der Wegränder die Rede. Im allgemeinen werden sie zweimal jährlich, im Frühsommer und Herbst, gemäht. Und gegen das abscheuliche Spritzen der Wegränder und Feldraine mit den vielen unkrautvernichtenden Mitteln wird so viel Protest erhoben, daß es immer seltener geschieht.

Nun einige praktische Hinweise.

Obwohl es in unserem Klima nicht immer leicht ist, sollte man unbedingt bei trockenem und möglichst auch sonnigem Wetter pflücken. In Ausnahmefällen kann man einmal davon absehen, doch muß dann die Ernte sehr rasch getrocknet werden, da sonst mit Sicherheit Schimmelbildung auftritt. Am besten hängen Sie die Blüten und andere Pflanzenteile in den Boilerschrank. Natürlich können Sie auch die Heizung anstellen, aber das wird mit der Zeit eine teure Angelegenheit.

Vor allem dürfen Sie keine Schwanenblumen, Karden und blaue Stranddisteln pflücken, denn diese sind geschützt. Es empfiehlt sich überhaupt, sich über die geschützten Pflanzen in der eigenen Heimat, in den Alpenländern, an den Stränden und anderswo bei den lokalen Behörden zu informieren.

Kardensamen sind übrigens überall erhältlich, gewisse blaue Distelarten lassen sich im Garten züchten. Die übrigen geschützten Pflanzen sind für das Trocknen nicht interessant.

Die folgende Liste zählt Pflanzen auf, die sowohl gepflückt werden dürfen als sich auch für das Trocknen eignen. Wenn Sie ausführliche Beschreibungen der Pflanzen benötigen, sollten Sie ein gutes Handbuch zu Rate ziehen, das Sie über Einzelheiten unterrichtet.

Achillea millefolium
(Gemeine Schafgarbe)

Der Name dieser Pflanze stammt vom griechischen Helden Achilles, der die Schafgarbe zum Heilen der Wunden seiner Freunde verwendet haben soll. Sie können davon pflücken, so viel Sie wollen.

Die großen weißen Doldenköpfe sind überall zu finden. Sie wachsen an allen Wegrändern, auch auf dem Mittelstreifen breiter Straßen und auf Brachfeldern.

Man findet sie im Juni und Anfang Juli, und falls man das Pflücken versäumt hat, kann man auch von der zweiten Blüte einen Vorrat ernten.

Nehmen Sie immer ein scharfes Messer mit. Die Stiele sind sehr zäh und mit der Hand reißt man allzuleicht die ganze Pflanze heraus.

Pflücken Sie die Blumen zum richtigen Zeitpunkt: die Herzen der kleinen, weißen Blüten, die zusammen die Dolde bilden, müssen gut sichtbar sein. Andernfalls verschrumpeln die Blüten beim Trocknen.

Sehr gut brauchbar sind auch die dunkelbraunen Dolden verblühter Blumen. Man findet sie oft bis in den Frühwinter.

Als Untergrund für Sträuße ist vor allem die weiß gepflückte Achillea unentbehrlich.

Alisma plantago aquatica
(Wasserwegerich, Gemeiner Froschlöffel)

Seit weniger Gift gespritzt wird beim Sauberhalten der Wasserwege, trifft man den Wasserwegerich wieder regelmäßig an den Wassergräben.

Die weißen oder rosa Blüten blühen den ganzen Sommer hindurch, aber für uns geht es um die Samen. Die Pflanze bildet ein dekoratives kleines Weihnachtsbäumchen mit Samenkugeln an den Zweigenden. Ab September sind die Dolden an Gräben zu finden.

Trocknen ist nicht mehr nötig. Achten Sie aber darauf, daß die Zweige nicht durcheinander geraten: also einzeln aufhängen oder beiseite stellen.

Der Wasserwegerich eignet sich hervorragend für Weihnachtsdekorationen (siehe Seite 76).

Arctium lappa
(Große Klette)

Diese Pflanze stammt nicht etwa, wie der Namen vermuten ließe, aus der Polargegend.

Mit den großen Kletten trieben wir in der Schulzeit manchen Spaß, wenn wir sie jemanden ins Haar setzten. Meist mußte dann zur Schere gegriffen werden, zum großen Mißfallen der Mütter unserer Opfer.

Heute finden sie eine freundlichere Verwendung in Sträußen und – mit etwas Goldfarbe besprüht – in Weihnachtsschmuck.

Sie treffen die «Große Klette» ab August an Wegrändern und im Gebüsch, vor allem in der Nähe großer Flüsse.

Man kann sie grün pflücken, aber auch braun sind sie gut brauchbar.

Beim Arrangieren können Sie sich ihrer «Klebeigenschaften» bedienen und sie ohne falsche Stiele einfach in das Arrangement setzen.

Armeria maritima
(Strand-Grasnelke)

Die Grasnelke ist eine bekannte Pflanze mit silbern glänzenden, hübschen rosa Blütenköpfchen.

Man findet sie häufig auf den Watteninseln in der Nordsee und an der Küste. Sie sind (noch nicht) geschützt, müssen aber mit Umsicht gepflückt werden.

Pflücken Sie die Blumen kurz vor dem Höhepunkt der Blüte, die Ende Mai beginnt und bis in den September andauert.

Sie werden hängend getrocknet.

Es gibt übrigens auch Zuchtformen (siehe Seite 30).

Calluna
(Heidekraut)

Wenn Sie die Blüten ebenso vorsichtig abzupfen wie es die Schafe tun, dürfen Sie ruhig einen Strauß davon pflücken, am besten in voller Blüte.

Bevor Sie die Blumen in Sträußen verarbeiten, ist es besser, sie mit ein wenig billigem Haarlack zu besprühen, da die völlig ausgetrockneten Heideblüten rasch ausfallen. (Siehe auch die Glyzerin-Methode, Seite 16).

Die Pflückzeit ist August – September.

Ein Zweig weiße Heide gilt als Glücksbringer; einen kleinen Trockenstrauß, in dem weiße Heide und ein paar Rosenknospen verarbeitet wurden, schenkt man gern jemandem, der einem teuer und lieb ist.

Artemisia vulgaris
(Beifuß)

Die hohen Pflanzen kommen häufig auf Schuttplätzen und Ödfeldern vor. Bei Projekten zur Stadterneuerung sind sie oft ein karger Trost. Die an sich etwas unansehnlichen Blüten bilden in ihrer Vielzahl schöne, graue Ähren. In Sträußen sind sie sowohl wegen ihrer Farbe als auch ihrer Form unentbehrlich.

Nur eines: Mäuse sind ganz verrückt nach diesen Pflanzen. Kleine Häufchen grauer Kügelchen unterhalb der hängenden Büschel zeigen die Anwesenheit dieser unliebsamen Haustiere an.

Die Blütezeit dauert von Juli bis September.

Es gibt viele Zuchtformen (siehe Seite 30).

Trocknen Sie den Beifuß durch Aufhängen.

Carex
(Segge)

Die Seggen stehen meistens mit den Wurzeln im Wasser, was das Pflücken ein wenig beschwerlich macht. Es gibt viele Varianten der Blühweise, doch sind sie immer braun.

Die Pflanzen werden gepflückt, ehe sie ganz reif sind.

Cirsium vulgare
(Acker- oder Kratzdistel)

Eine der vielen Distelarten, die bei uns auf Wiesen und an Wegrändern vorkommen, oft zum großen Verdruß der Bauern.

Die meisten Arten blühen von Juni bis August.

Wenn Sie die Disteln pflücken sobald sich die ersten lila Blütenblätter zeigen, können Sie mit lila Blüten im Winter rechnen. Pflücken Sie sie jedoch in voller Blüte, so erhalten Sie Büschel grauer, flauschiger Samenfäden. Dann müssen Sie nicht verzweifeln: Wenn Sie den Flausch abzupfen, erhalten Sie glänzende Blütenböden, die sich gut verarbeiten lassen. Ein solcher Boden zeigt auch, wie regelmäßig der Samenflausch angeordnet ist.

Daucus carota
(Wilde Möhre)

Die wilde Möhre ist eine sehr bekannte Pflanze, die vor allem an Wegrändern wächst. Die Blüten stehen in weißen Dolden, die gleich nach dem Blühen die Ränder hochbiegen und eine Art Ballen wie aus grünem Spitzenwerk bilden.

Sie müssen die Ballen noch grün pflükken. Sie sind in dieser Form sehr dekorativ in vielen Arrangements. Ab August können Sie die Blumen in diesem Zustand pflücken.

Filipendula ulmaria
(Mädesüß, Spierstaude)

Die schönen weißen Rispen des Mädesüß stehen an Gräben und Flußufern und in sehr feuchten Wiesen.

Beim Trocknen verwenden wir die Samenstände, die leuchtend grüne, spiralförmige Kapseln bilden.

Im September sind sie noch schön grün. Später werden sie braun und fallen leicht aus.

Die schön geformten Samen des Mädesüß sind in größeren Sträußen kaum entbehrlich.

Heracleum sphondylium
(Bärenklau)

Die größte Varietät dieser Pflanze wächst wild in den skandinavischen Ländern.

Der große Samenschirm unserer Bärenklau-Art wird auf vielfache Weise zu Dekorationen verwendet.

In den Niederlanden kennen wir eine etwas weniger pompöse Art, die bis zu mannshoch werden kann. Die Blüten sind oft rosa angehaucht.

Für den Blütensammler werden sie interessant, wenn die Samen sich eben ausgebildet haben. Sie formen dann hübsche grüne Rosetten, die ihre Farbe lange Zeit behalten.

Passen Sie aber auf! Manche Menschen reagieren allergisch auf diese Pflanze und bekommen, wenn sie sie berühren, einen Ausschlag auf der Haut, der monatelang sichtbar bleiben kann.

Humulus
(Hopfen)

Der Hopfen klettert mit langen Ranken in Hecken und niedrigem Gebüsch auf feuchtem Boden. Man kann den Hopfen auch aus Samen im Garten ziehen, doch fordert er viel Platz.

Neben der einfachen Art gibt es einen buntblättrigen Hopfen. Schade, daß die hübschen grünen Hopfenglocken so rasch im Sonnenlicht vergilben; dagegen läßt sich nichts machen.

Sie werden hängend getrocknet.

Juncus articulatus
(Sumpfbinse)

Eine sehr dekorative Sumpfpflanze, deren Blütenstände zu dunkelbraunen, glänzenden Samenkapseln ausreifen.

Die Sumpfbinsen findet man im Juli und August an sumpfigen Stellen.

Es dauert zwar eine Weile, bis Sie einen ordentlichen Strauß davon gesammelt haben, aber die Mühe lohnt sich: noch nach einem Jahr hängen sie da, als hätte man sie gestern gepflückt.

Lapsana
(Rainkohl, Ackerkohl)

Unkraut, Unkraut ... aber lassen Sie beim Jäten ein paar Pflanzen stehen. Die zarten Schirme der kleinen Samenkapseln sind gut brauchbar. Die Pflanze ist im Flachland weit verbreitet und mühelos überall zu finden.

Der Rainkohl blüht den ganzen Sommer hindurch.

Bärenklau (Heracleum) in voller Blüte.
Wenn Sie die Pflanze trocknen wollen, müssen Sie warten,
bis sich die Samen gebildet haben.

Limonium vulgare
(Strandflieder)

Die Pflanze kommt nur noch selten vor. Man findet sie vorwiegend an Küstenstreifen, und dort gedeihen sie dann so reichlich, daß sie in manchen Jahreszeiten wie ein großer, blauer See erscheinen. Man kommt in Versuchung, hie und da eine Blume abzuschneiden. Doch vielleicht tun Sie es lieber nicht, denn man kann sie auch selber im Garten ziehen.

Außerdem besteht die Möglichkeit, den Strandflieder aus Urlaubsländern mitzubringen, wo er noch nicht zu den bedrohten Arten gehört.

Die Pflückzeit ist, wenn die Blüten ganz offen sind.

Die Blühperiode dauert von Juli bis in den Oktober.

Lythrum salicaria
(Blutweiderich)

Der Blutweiderich wächst an Gräben oder an Ufern. Die langen Ähren sind tiefviolett.

Auch diese Art wurde beim Spritzen der Gräben- und Wegränder stark in Mitleidenschaft gezogen, kommt nun aber wieder häufiger vor.

Dennoch sollte man sie mit der nötigen Umsicht pflücken. Die Blumen müssen voll aufgeblüht gepflückt werden.

Damit die Farbe gut erhalten bleibt, ist es wichtig, sie rasch zu trocknen.

Man findet sie von Juni bis August.

Mentha aquatica
(Wasserminze)

Man riecht die Wasserminze noch ehe man sie sieht.

Auf Sumpfwiesen und an Gräben findet man diese lila blühende Pflanze oft in großen Mengen.

Wenn man sie in voller Blüte pflückt, behält sie ihre Farbe recht gut. Der Duft hält sich sogar noch länger, so daß man, wenn die Minze nicht zu einem Strauß verwendet wird, Tee daraus machen kann.

Die Blütezeit ist von Juni bis September.

Rumex
(Sauerampfer)

Es gibt sehr viele Arten von Sauerampfer, die man auf den verschiedenen Böden antrifft.

Es gibt einen Sauerampfer, der nur 10 cm hoch wird, aber auch eine 180 cm hohe Art. Die Farben variieren von hellgrün bis dunkelbraun. Alle Sorten lassen sich trocknen.

Die Blütezeit ist von Mai bis November.

Pflücken Sie ihn auf dem Höhepunkt der Blüte. Gelingt dies aus irgendeinem Grund nicht, so können Sie den Sauerampfer auch nach der Samenbildung pflücken, allerdings fällt er im Winter leichter aus. Auch hier kann Haarlack ein wenig helfen.

1. Wegerich
2. Nessel
3. Mädesüß
4. Salbei
5. Rainkohl
6. Klette
7. Rainfarn

Sanguisorba officinalis
(Großer Wiesenknopf)

Obwohl der große Wiesenknopf in manchen Landschaften noch häufig vorkommt, wird er doch allmählich zu den selten gewordenen Arten gerechnet.

Für Liebhaber von Trockenblumen ist das ein großer Jammer, da sich die gedrungenen, dunkelroten Blütenkrönchen leicht und erfolgreich verarbeiten lassen.

Vielleicht aber haben Sie einen Hausgarten angelegt, in dem sie wachsen. Pflücken Sie sie zu Beginn der Blüte. Sie fallen ziemlich rasch ab, so daß man sie am besten mit etwas Haarlack besprüht.

Die Blütezeit fällt in den Juli.

Solidago virgaurea
(Gemeine oder Echte Goldrute)

Auf sandigen Böden und beispielsweise entlang der Eisenbahnschienen steht die Goldrute oft noch in großen Mengen. Natürlich sind auch bei den Züchtern viele Sorten für den Garten erhältlich.

Pflücken Sie die Blumen kurz vor dem Höhepunkt der Blüte. Wenn man sie zu spät pflückt, werden sie flauschig.

Blütezeit: Ende Juli – August.

Tanacetum vulgare
(Rainfarn)

Die Kinder nennen die Blüten «Knöpfchen». Man findet sie von Juli bis Oktober an trockenen Wegrändern und auf sandigen Brachfeldern.

Pflücken Sie sie, wenn die Knöpfchen hellgelb und kugelrund sind.

Sie werden hängend getrocknet.

Trifolium arvense
(Hasenklee, Ackerklee)

Diese Pflanze ist nicht zu verwechseln mit dem Hasenpfötchen, das zu den Gräsern gehört. Der Hasenklee bildet außen am Kelch zartgraue bis rosa wollige Zotten, und man sieht sie sehr häufig an sandigen Wegrainen. Man kann sie während des ganzen Sommers pflücken.

Sie lassen sich sehr hübsch in Sträußen verarbeiten. Es empfiehlt sich aber, sie mit etwas Haarlack zu besprühen, damit sie nicht ausfallen.

Samen und Samenkapseln:
1. Campanula   2. Weinraute, getrocknet
2a. Weinraute, frisch   3. Akelei   4. Süßdolde
5. Mohn   6. Malve   7. Judas-Silberling
8. Dill   9. Iberis   10. Skabiose
11. Clematis vitalba   12. Erlenzäpfchen
13. Traubenhyazinthe   14. Buchecker

Gräser und Samen

Zu jeder der bisher besprochenen Pflanzengruppen kann man eine Vielzahl von Gräsern oder Samen aufzählen. Die Gräser bilden eine sehr große Familie, von der mehr als 150 Arten auch bei uns vorkommen. Sie lassen sich allesamt mehr oder minder erfolgreich trocknen. In vielen Sträußen werden auch Gräser verarbeitet.

Bei den Samen und Samenkapseln ist die Vielfalt womöglich noch größer. Leider sind nicht alle Arten zum Trocknen oder Verarbeiten in einem Arrangement geeignet.

Es lohnt sich, die verschiedenen Fruchtstände der Blumen genauer zu betrachten. Sie werden über die prächtigen Formen und deren Mannigfaltigkeit erstaunt sein. Da die Farben meist weniger ausgeprägt sind, sollten Sie die bestimmten Samen oder Samenkapseln vor allem der Form wegen auswählen.

Wir wollen uns darauf beschränken, eine Auswahl schöner und haltbarer Gräser und besonders ausgeprägte Samenformen aufzuzählen. Die Liste ist nicht vollständig; Sie können entsprechend Ihren eigenen Vorstellungen und Ihrem Geschmack viele andere Arten zum Trocknen und Verwenden in Sträußen finden.

Für Gräser gilt die Regel, daß sie am besten kurz vor der Blüte gepflückt werden sollten, doch braucht man sich nicht starr danach zu richten. Manche Arten sind auch nach der Blüte schön und haltbar.

Gräser oder Getreide mit schweren Körnern pflückt man bald nach dem Fruchtansatz. Sie müssen noch grün sein. Die reifen Körner fallen bald aus der Ähre, oder die ganze Ähre ist so schwer, daß sie auseinander fällt.

Die meisten Gräser werden zu

Büscheln gebunden und hängend getrocknet. Die zart gefiederten Gräser trocknet man besser stehend (siehe Seite 13). Damit die feinen Stiele nicht abknicken, umwickelt man die Büschel spiralenförmig mit Raffia oder Blumendraht.

Viele Samen können gepflückt werden, so lang sie noch grünlich sind. Wenn Sie länger warten, verfärben sie sich braun und fallen bald aus. Letzteres braucht nicht immer nachteilig zu sein, jedes Stadium hat seinen Reiz.

Es macht sich daher hübsch, wenn man bestimmte Samen sowohl früh als auch später pflückt. Flauschige Samen wie die von *Clematis tangutica* und der *Küchenschelle*

müssen so früh wie möglich gepflückt und gegebenenfalls sofort mit Haarlack besprüht werden.

Gezüchtete einjährige Arten

Agrostis nebulosa (Straußgras)
Briza maxima (Großes Zittergras)
Briza minima (Kleines Zittergras)
Hordeum jubatum (Ziergerste)
Lagurus ovatus (Eiförmiges Strandgras)
Phalaris canariensis (Kanariengras)

Die Grassorten werden wie Einjahresblu-

men gezogen: man sät sie Ende April an einem sonnigen Ort im Freien aus.

Viele Sorten säen sich auch selbst aus. Wenn Sie nicht allzu sorgfältig jäten oder tief umgraben, erscheinen sie im nächsten Sommer erneut.

Gezüchtete mehrjährige Arten

Cortaderia argenta (Pampasgras)
Pennisetum japonicum (Federborstengras)
Stipa pennata (Federgras)

Wilde Grasarten

Bromus sterilis (Taube Trespe)
Festuca pratensis (Hoher Schwingel)
Glyceria maxima (Großer Schwaden)
Holcus lanatus (Wolliges Honiggras)
Hordeum murinum (Mäusegerste)
Phragmitis communis (Schilfrohr)
Poa pratensis (Wiesen-Rispengras)

Dies ist, wie gesagt, eine kleine Auswahl von Grasarten. Es gibt aber gute, bebilderte Lexika über wilde Pflanzen, in denen Sie wesentlich zahlreichere und detaillierte Beschreibungen finden.

Samen und Samenkapseln, die sich zum Trocknen eignen

Alnus glutinosa (Erle, Roterle)
Die weiblichen Erlenzapfen findet man vor allem in Wassernähe.

Im Herbst sind sie grün, im Vorfrühling haben sie eine grau-braune Farbe.

Aquilegia (Akelei)

Clematis tangutica (Waldrebe)
Gleich nach der Blüte pflücken, noch ehe sich die flaumigen Haare bilden; vor dem Verarbeiten mit Haarlack besprühen.

*Ein einfacher Strauß ist schnell
zusammengestellt. Hier wurden verschiedene
Gräser, Frauenmantel und die Samen von Dill
und Sternanis verwendet.*

Euonymus (Pfaffenhütchen)
Das rosafarbene Hütchen schrumpft ein
wenig ein, die orangefarbenen Beeren
bleiben schön.

Fagus sylvatica (Rotbuche)
Die stacheligen Fruchthüllen der Buch-
eckern bleiben im Innern schön hellbraun.

Iberis (Schleifenblume)

Larix (Lärche)
Die Lärchenzapfen lassen sich, einzeln
gedrahtet, zu Schmuck verwenden.

Lunaria (Silberblatt, Judas-Silberling)
Nach dem Trocknen die Fruchtblätter
entfernen, so daß die silbern glänzenden
Pfennige hervorkommen. Wenn die Scho-
ten grün gepflückt werden, haben die
Scheidewände nach dem Abziehen der
Fruchtblätter eine gute Tönung.

Malva (Malve)
Hübsche grüne Samenkapseln. Später
gepflückte Kapseln sind grau verfärbt.

Muscari (Traubenhyazinthe)
Pflücken, wenn die Samenkügelchen auf-
springen.

Papaver (Klatschmohn)
Sowohl die wilden Arten als auch die
Zuchtformen sind verwendbar.

Ruta graveolens (Weinraute)

Scabiosa caucasica (Skabiose)
Pflücken, wenn die Blütenblätter verwelkt
sind; hübsche graugrüne Blütenstände.

Thalictrum dipterocarpum (Wiesenraute)

Verarbeiten und Gestalten

Es kommt der Augenblick, an dem Sie feststellen, daß überall im Haus Trockenmaterial liegt oder steht. Unter dem Sofa und dem Teppich liegen Zeitungen, die mit Blättern gefüllt sind. In den Ecken und Winkeln stehen Dosen und Schalen mit Sand und Blumen, und manche Zimmerdecke wurde zum Farbenmeer. Sie werden sich fragen, was Sie damit anfangen sollen.

Falls Sie nicht die ganze Ernte der Saison verarbeiten möchten, können Sie Bekannten und Freunden mit einem Strauß Trockenblumen eine Freude machen, vielleicht aber werden Sie rasch bemerken, daß Ihnen das Arrangieren noch größere Genugtuung bereitet. Einige Richtlinien, ein paar Anregungen und Tricks werden nützlich sein, um den Umgang mit Trockenblumen zu erleichtern. Das übrige bleibt Ihrer Kreativität und Ihrem Erfindungsreichtum überlassen.

Jedes Assortiment ist einzigartig. Seine Zusammensetzung ist immer anders und meist durch Pflanzen aus dem eigenen Garten, aus der Umgebung und durch Material aus dem Urlaub bedingt. Andere Faktoren wie die Atmosphäre und der Stil des Hauses spielen eine Rolle, schließlich der Geschmack des Blumensammlers. Er bestimmt, wie die Blumen verwendet werden!

Ehe wir uns den Arrangements zuwenden, noch ein paar Anregungen zur Innengestaltung mit getrockneten Blumen, die leicht zu verwirklichen sind:

Hängende Sträuße sind an und für sich sehr dekorativ. Wie und wo man sie aufhängt, wird bedingt durch die Art des Hauses, in dem Sie wohnen.

Mit einer Blumenmühle, durch einen Flaschenzug in die gewünschte Höhe

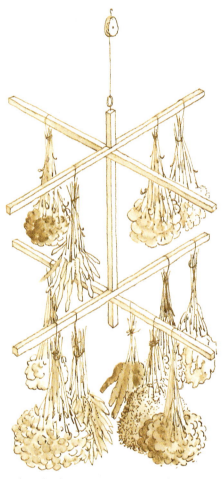

gebracht, können Sie eine große Wirkung erzielen.

Auf ähnliche Weise können Sie auch einen Besenstiel zwischen zwei Vorhängen anbringen. Am einfachsten ist, Wäscheleinen zu spannen und die Sträuße daran mit kleinen Wäscheklammern aufzuhängen. Auf diese Art lassen sich allerlei Schönheitsfehler im Haus verstecken. Hohe Zimmerdecken fallen weniger auf, die Hinterwand einer Treppe gewinnt ein fröhliches Aussehen und die dunklen Ecken einer Dachkammer wirken

nicht mehr so öde. Auch der meist etwas kahle Flur wird entschieden wohnlicher.

Sehr raffinierte Wirkungen ergeben sich durch die Farbkombinationen der Blumen nur aus Blau, Weiß und Grau, oder aus Weiß und Gelb. Aber auch eine bunte Blumenmischung in allen vorhandenen Farben kann sehr schön aussehen.

Eine äußerst simple Idee ist, einige Hopfenranken zusammen mit vielen Fruchtzapfen entlang einem Türpfosten oder in einem engen Durchgang zwischen zwei Zimmern aufzuhängen. Die Ranken können frisch gepflückt, an Ort und Stelle befestigt und dort getrocknet werden. Da es hauptsächlich um die Fruchtzapfen geht, können die Blätter auch weggeschnitten werden.

Arrangieren mit ganzen Büscheln

Das Binden eines Trockenstraußes kann eine komplizierte Beschäftigung sein. Es macht weniger Aufwand, wenn Sie ganze Büschel zum Arrangieren nehmen. Große Körbe oder Töpfe aus Steingut eignen sich hervorragend dazu.

Sie beginnen damit, den Rand des Korbes oder Topfes mit Büscheln von Trockenblumen auszulegen. Die Stiele brauchen nicht lang zu sein. Wenn Sie den Rand ringsum belegt haben, gehen Sie zur nächsten «Lage» über.

Es ist gut, wenn die Stiele der oberen «Runden» länger sind. Dadurch erhält das Ganze mehr Halt.

Hilfsmittel wie Steckmasse (Oasis) oder Blumendraht sind nicht notwendig, wenn die Schichten eng aufeinander liegen.

Die Wirkung ist immer groß, insbesondere, wenn man die Farben möglichst bunt mischt.

Duftkörbe und Dufttöpfe

Ein Duftkörbchen ist eine Art Potpourri, das sofort verwendbar ist. Vor allem in England werden Duftkörbe oft hergestellt. Sie verbreiten einen herrlichen Geruch, der sich oft jahrelang hält. Das Anfertigen von echten Potpourris ist eine besondere Kunst, die entsprechende Sachkenntnisse erfordert.

Hübsch ist die nachstehend beschriebene Variante. Beim Anfertigen von Trockensträußen bleiben meist viele abgefallene Blüten übrig, die Sie sammeln und aufheben können. Sie füllen die Blüten in einen hübschen Topf oder Korb, aber ohne Deckel. So ergeben Reste ein reizvolles Gemisch bunter Farben.

Auch besteht die Möglichkeit, am Ende einer Saison einer Anzahl von Blumen die Stiele abzuschneiden. Jede Farbkombination ist erlaubt, die zum Topf oder zur Umgebung paßt. Sie befeuchten Wattebäusche in möglichst passenden Farben

mit Ihrem Lieblingsparfüm und verstekken diese unter den Blumen, die kein regelmäßig ausgelegtes Muster bilden sollten. Darüber verteilen Sie eine Schicht sorgfältig ausgewählter Blumen mit den Gesichtern nach oben. Falls der Duft nach einer Weile nachläßt, können Sie die Wattebäusche erneut anfeuchten und zwischen die Blumen zurückstecken.

In England gibt es ein spezielles Potpourri-Öl zu kaufen, dessen Duft sehr lang haften bleibt. Falls Sie einmal nach England reisen sollten: das Öl ist bei Harrods erhältlich. Sie können die Blumen natürlich dem Duft entsprechend auswählen. Lavendel- oder Rosenduft können Sie beispielsweise durch echte Lavendelblüten oder Rosenknospen unterstreichen.

Ein hübsch anzusehender Dufttopf macht sich überall gut, sei es nun im Bad, im Gästezimmer oder in der Toilette. Außerdem ist er ein beliebtes Geschenk.

Spiegel

Ein Kranz von Trockenblumen um einen einfachen Spiegel läßt ihn fröhlicher aussehen. Die Arbeit ist sehr einfach.
Sie brauchen einen Spiegel ohne Rahmen, ein wenig farblosen Klebstoff und natürlich Blüten, Blätter, Moos und dergleichen.

Sie entscheiden zunächst, welche Blüten, Moose oder Blätter Sie verwenden wollen und legen diese zurecht. Sie bestreichen nun jeweils einige Zentimeter des Spiegelrandes mit Klebstoff und tun dasselbe mit den Blumen und anderen Dingen, die Sie auf dieses Stück kleben wollen.

Sie bringen alles sorgfällig an den richtigen Platz und drücken es sanft fest, bis

*So können Sie mit Hilfe von Maschendraht
einen Wandschmuck anfertigen. Bei diesem Arrangement wurden verwendet:
gelbe Anaphalis, orangefarbene und gelbe
Helichrysum, Frauenmantel, weiße Acroclinium, viel Gräser und Moos.*

es gut haftet und nicht mehr herunterfällt, wenn Sie den Spiegel hochstellen.

Auf den abgebildeten Spiegel habe ich zuunterst ein «Bett» aus Moos geklebt, darauf kleine Goldrutenzweige, hellgelbe Köpfchen von Helipterum sanfordii und hie und da ein kleines gelbes Rosenknöspchen. Die ovale Form des Spiegels habe ich hervorgehoben, indem ich an den unteren Rand ein größeres Sträußchen aus Farnblättern und denselben Blumen geklebt habe, die auch den Rand des Spiegels schmücken. Das Moosbett ist nicht unbedingt erforderlich, man kann die Blumen auch einfach auf den Spiegelrand kleben.

Gestecke aus Trockenblumen

Es gibt zahlreiche Methoden zum Arrangieren von Blumen. In den entsprechenden Werk-Kursen, die man heute überall besuchen kann, machen die Teilnehmer Bekanntschaft mit den verschiedenen Stilen. Die Kunst des Blumenordnens ist in der westlichen Welt nicht sehr alt. Eigentlich datiert sie erst in die Zeit nach 1800. Vorher waren es vor allem Maler, die sich damit beschäftigten. Auf ihren Bildern stellten sie prächtige Sträuße dar, die sie jedoch nicht nach der Natur malten. Meist waren sie aus Blumen zusammengestellt, die zu verschiedenen Jahreszeiten blühen, und sie müssen daher aus der Phantasie der Maler entstanden sein.

Ab 1800 findet man häufiger Zimmerpflanzen und Sträuße auf Interieurbildern. Vor allem in der Biedermeierzeit nahm die Entwicklung der Blumensteckkunst einen Aufschwung, und zwar gleichermaßen für frische Blumen wie für Trockenblumen.

Noch immer ist das romantische, aus

vielen Blumen gebundene, meist runde Biedermeiersträußchen ein Begriff.

Sträuße aus Trockenblumen stellte man früher zum Schutz gegen den Staub unter eine Glasglocke. So blieben sie lange haltbar. Hin und wieder sieht man noch so ein altes, stark verfärbtes Bukett.

Im Laufe des 19. Jahrhunderts wurde in Europa auch die japanische Kunst des Blumensteckens bekannt: das Ikebana. Diese Kunst genoß in den Ländern des Ostens hohes Ansehen – und neuerdings auch bei uns.

Ein solches Arrangement hat meist eine tiefere Bedeutung. Obwohl es nur aus einzelnen Zweigen und Blüten besteht, kann das Arrangement wie das Bild einer Landschaft anmuten.

Ein einzelner Blütenzweig in einer Vase kann zweifellos sehr schön aussehen, wir wollen uns jedoch auf das westlich orientierte Blumenbinden beschränken.

In Trockenblumensträußen besteht die Möglichkeit, Blumen aus den verschiedenen Jahreszeiten zusammenzustellen.

Da Trockenblumen nicht in Wasser zu stehen brauchen, sind die Verarbeitungsmöglichkeiten sehr zahlreich; zum Beispiel für Kränze, Girlanden, große Wandgestecke und natürlich auch richtige Sträuße.

Allerdings braucht man einige Hilfsmittel. Vor allem eine spröde grüne Kunststoffmasse, Oasis genannt, hat das Stecken wesentlich erleichtert. Außerdem braucht man Knetmasse, Eisendraht und Maschendraht als Steckhilfen.

Eine vollständige Liste der *Materialien und des Werkzeuges* finden Sie auf Seite 92.

Bei der Auswahl des Pflanzenmaterials für ein Arrangement geben zwei Dinge den Ausschlag: Farbe und Form.

Die Auswahl der *Farbe* ist wohl das persönlichste Element des Blumensteckens. Man kann deshalb auch kaum Richtlinien dafür aufstellen. Es gibt Leute, die nur Sträuße in Gelb und Orange schön finden, während andere die blauen Töne bevorzugen.

Mit der Zeit verändert sich die Farbe der Trockenblumen etwas; das Grün der Stiele und Blätter vergilbt allmählich. Ein rosa Strauß, in dem viel Grün verarbeitet wurde, hat nach einem halben Jahr die grüne Frische verloren, und die Kombination aus Rosa und fahlem Gelb wirkt nicht mehr schön.

Blau und Grau hingegen sind kräftige Farben; ein aus diesen Farben zusammengestelltes Arrangement wird seinen Charakter sehr lange behalten.

Der andere wichtige Aspekt ist die *Form*. Ein Strauß aus nur kugelförmigen Blumen und/oder Samenständen ist ein eintöniges Gebilde. Da die Farben ihre Leuchtkraft mit der Zeit verlieren, ist es wichtig, die Lebendigkeit des Arrangements durch ein schönes Linienspiel zu erhalten.

Beim Arbeiten mit Trockenblumen entsteht eine unvorstellbare Unordnung. Abgefallene Blüten, Reste von Stielen und abgeschnittene Steckmasse vermischen sich mit stechenden Enden von Blumendraht; daneben häufen sich leergepflückte Büschel, Unbrauchbares bleibt auf dem Arbeitstisch liegen.

Es ist daher sehr angenehm, eine eigene Ecke zu haben, in dem man den unordentlichen Kram liegenlassen kann. Manchmal erlebt man Überraschungen, wenn sich nämlich aus den wirr aufgestapelten Blumenbüscheln hübsche Kombinationen ergeben.

Gestecke in Maschendraht

Mit Hilfe von Maschendraht kann man ganze Wandstücke mit Blumen schmücken; zum Beispiel in einem dunklen Flur, die Wand oberhalb einer Tür oder eine schmale Fläche zwischen zwei Fenstern.

Sie nehmen ein Stück Maschendraht, wenn möglich mit Plastik bezogen, und schneiden daraus ein etwas größeres Stück als die zu schmückende Fläche. Sie nageln den Maschendraht so an die Wand, daß er sich ein wenig wölbt. Jetzt können Sie ganze oder halbe Büschel aus Blumen, Gräsern und Moos in die groben Maschen stecken, in regelmäßigen oder unregelmäßigen Abständen.

Wenn Sie befürchten, daß die Büschel leicht herausfallen, können Sie sie mit etwas grünem Blumendraht an die Maschen festbinden.

Das abgebildete Arrangement (Seite 57) setzt sich aus vielerlei Gelb- und Weißtönen zusammen und ist durch Gräser und Moos aufgelockert. Eines meiner Kinder hat sogar ein verlassenes Vogelnest hineingesteckt.

Eine andere Möglichkeit ist die Kombination aus ähnlichen Farben; doch kann man sich viele Variationen ausdenken, ähnlich wie bei der Anlage eines Gartens. In jedem Fall brauchen Sie für einen solchen Wandschmuck viele Blumen. Büschel, die am Ende einer Saison übriggeblieben sind, lassen sich für diesen Zweck ausgezeichnet verwenden.

Sollte es später notwendig werden, einzelne Teile der Blumenwand auszutauschen, so ist das kein Problem. Sie können die alten Büschel aus den Maschen herausziehen und andere hineinstecken. Auf diese Weise erhält die Wand ein «neues Gesicht».

Eine als hängendes Bukett gestaltete Applikation.
Als Basis wurde ein oval zugeschnittenes Stück Oasis sec.
verwendet (siehe Seite 62 und Seite 93).
Als Füllmittel dienen Hortensien und Anaphalis.
Das braune Buchenblatt verleiht dem Bukett etwas Tiefe.

Kränze und andere Formen

Eine völlig andere Technik erfordert das Anfertigen von Kränzen, von Herzen und Hufeisen. Früher mußte man dazu Ton oder aufgerollten Maschendraht benutzen, heute gibt es die Oasis-Steckmasse, ein Material, das viel einfacher zu hand-

haben ist. Aus einer Oasis-Platte kann man jede gewünschte Form schneiden. Meistens werden Sie Ihren Blumenhändler bitten müssen, eine solche Platte für Sie zu bestellen.

Die Unterlage für einen Kranz stellen Sie folgendermaßen her: Sie legen einen

Teller oder eine Schale in gewünschter Größe auf die Oasis-Platte und schneiden den Kreis mit einem scharfen Messer aus. Dann legen Sie einen kleineren Teller auf den Kreis und schneiden auch diesen Kreis aus (siehe Seite 93). Sie haben nun einen Kranz und einen Kreis, aus dem Sie weitere Kränze schnei-

Auch diese Blumen wurden
in dem abgebildeten Bukett verwendet.
1. Delphinium Pacific Giants
2. Rumex
3. Achillea filipendulina
4. Gelbe Rosen

den können, z.B. mit Hilfe einer Tasse. Auf diese Weise entstehen mehrere Kränze verschiedener Größe.

Sie flachen die oberen äußeren Ränder etwas ab, damit sich der Kranz nach oben hin rundet.

Ein Blumenkranz spricht die Phantasie an und verbreitet eine gewisse romantische Stimmung.

Da die Unterlage eine ebene Fläche bildet, gibt es kaum Probleme bei der Gestaltung und den Proportionen. Die kahle Oasis-Platte bekleidet man zunächst mit Rentierflechte. Diese Flechte darf hierzulande allerdings nicht mehr in der Natur gesammelt werden, und Sie müssen sie bei Ihrem Blumenhändler bestellen. Brauchbar sind auch grünes Sphagnum, ein Hochmoormoos, oder Polstermoos.

Sie weichen die Flechte oder das Moos zuvor in warmes Wasser ein, es wird dadurch gefügig und läßt sich leicht in die gewünschte Form bringen. Sie drücken es gut aus und befestigen es mit Klammern oder Blumendraht, den Sie stecknadelförmig zurechtgebogen haben.

Sie stecken nun eine Blumenart nach der anderen in den Kranz und achten darauf, daß sie gleichmäßig über die gesamte Oberfläche verteilt werden. Die kleineren Blüten werden mit Draht zu Tuffs gebunden, die größeren Blumen drückt man mit dem eigenen oder einem angebrachten Drahtstiel in die Steckmasse.

Am besten beginnt man mit Blüten, die den Untergrund gut bedecken, z.B. Achillea, Hortensie, Anaphalis oder Spirea.

Anschließend verarbeitet man ausgeprägtere Blumenformen, so Xeranthemum, Kugelamarant, Schnittlauch oder Helichrysum.

Da der Kranz wahrscheinlich noch ein wenig steif aussieht, kann man die Konturen mit ährenförmigen Blüten oder Gräsern auflockern. Dazu eignen sich Rittersporn, Statice suworowii, Eselsohr, Artemisia-Arten, aber auch im Feld gepflückter Hasenklee.

Zum Schluß stecken Sie ein paar schöne Rosen, Zinnien oder Malven in den Kranz. Wenn Sie diese besonderen Blüten zuletzt einstecken, kommen Sie nicht in Versuchung, mit ihnen leere Stellen aufzufüllen. Sie stecken sie an einen Platz, an dem sie am besten zur Geltung kommen.

Abschließend können Sie den Kranz mit zarten Gräsern oder Schleierkraut verzieren. Wichtig ist, daß auch die Ränder und das Innere des Kranzes gut gefüllt sind.

Applikationen

Unter einer Applikation versteht man ein Blumengesteck, das aufgehängt werden kann. Applikationen können in runder, ovaler, aber auch länglicher Form angefertigt werden. Die Zeit, in der man sich mit zerknülltem Hühnerdraht als Grundlage behelfen mußte, ist glücklicherweise vorbei. Es gibt jetzt Hilfsmittel, die die Arbeit sehr vereinfachen.

Im Handel gibt es die sogenannten Grabschmuckhalter, ein etwas deprimierender Name für einen Block Steckmasse, der in einen Plastikrahmen eingefaßt und mit einem Aufhänger versehen ist. Auf Seite 92 finden Sie verschiedene Maße angegeben. Da diese Schmuckhalter rechteckig sind, ergeben sich daraus meist ovale Applikationen. Falls Sie eine andere Form wünschen, können Sie auch Oasis-Platten verwenden, aus denen Kränze geschnitten werden.

Für extrem lange oder große Applikationen können Sie die Platten miteinander verbinden. Dazu steckt man kräftige Eisendrähte durch zwei oder mehrere Platten. Die an der unteren Platte herausragenden Drahtenden biegen Sie zu Häkchen um. Sie ziehen die Drähte oben an, bis sie die Steckmasse fest zusammenhalten. Die oben überstehenden Drahtenden biegen Sie zu Schlaufen um, an denen die Applikation aufgehängt werden kann.

Für eine kleine runde Applikation können Sie mit Hilfe einer Schüssel einen Kreis ausschneiden. Flachen Sie die vertikalen Ränder gut ab.

Ein Aufhänger ist leicht angebracht. Sie stechen einen langen, doppelt gebogenen, kräftigen Eisendraht durch die Steckmasse, biegen die unteren Enden zu Häkchen um und ziehen den Draht oben zurück, so daß die Haken in der Masse steckenbleiben.

Nachdem Sie die technischen Probleme gelöst haben, bekleiden Sie die Grundfläche mit feuchter Rentierflechte oder Sphagnum oder einem anderen Moos. Soll die Applikation in ihrer Gestalt von der Grundform abweichen, so bestimmen Sie zuerst die äußeren Konturen mittels langer Blütenähren, Samenständen, Farnblättern oder Zweigen mit Blättern. Auf diese Weise ist es möglich, aus einem rechteckigen Grabschmuckhalter eine runde, ovale oder längliche Applikation herzustellen.

Beim Verarbeiten müssen Sie versuchen, innerhalb der vorgegebenen Umrisse zu bleiben. Sie verwenden am besten gut füllende Blumen wie Hydrangea paniculata oder Doldenblüten, Achillea-Arten, Anaphalis und Rainfarn.

Zarter gebaute Blüten wie Mädesüß, Estragon, Frauenmantel und Goldrute können gut dazu benutzt werden, größere Lücken auszufüllen.

Die Reihenfolge des Steckens ist von nun an dieselbe wie beim Kranz. Zuerst verarbeitet man die dichteren Blüten (Helichrysum, Xeranthemum, Acroclinium, Kugeldisteln und zum Beispiel zu Tuffs gebundene Sonnenflügel) und danach die ährenförmigen Blüten (Rittersporn, Polygonum, Artemisia Silver Queen oder Beifuß), um die Form aufzulockern.

Die Gräser und das Schleierkraut kommen zuletzt; sie lassen die Konturen weicher erscheinen und füllen unerwünschte Lücken aus.

Falls Sie nicht mit einem Grabschmuckhalter arbeiten, bekommt die Applikation leicht Ähnlichkeit mit einem flachen Pfannkuchen. Um das zu verhindern, nehmen Sie von Anfang an für die Mitte Blumen mit längeren Stielen. Wenn die Form gleich zu Beginn richtig ist, läßt sie sich leicht fortführen, während es sehr schwierig ist, eine schlechte Form im Verlauf des Steckens zu korrigieren.

Für diejenigen, die noch keine Erfahrung haben, ist es am einfachsten, symmetrisch vorzugehen. Wenn z.B. links oben ein Rittersporn sitzt, kommt rechts oben auch ein Rittersporn hin. So entsteht nach einiger Zeit eine runde oder ovale Form, und Sie haben die Freiheit, von dem Prinzip abzugehen.

Vasen

Beim Ordnen von frischen Blumen ergibt sich manchmal die Schwierigkeit, eine geeignete Vase zu finden. Bei Trockenblumen brauchen Sie keine derartigen

Bedenken zu haben. Eigentlich ist jedes Gefäß geeignet, angefangen beim hölzernen Eierbecher bis hin zu einer Wedgewood-Vase.

Ein paar Vorschläge: Antike Rosenhalter aus Kristall, Sherrygläser, Kupferkessel, Aschenbecher, Soßenschüsseln, Leuchter, Wandbehälter für Salz und so weiter. Sehr gut geeignet wegen ihres natürlichen Materials sind auch Körbe in allen Größen und Formen.

Es gibt einige Aspekte, die Sie beachten sollten. Nehmen Sie keine stark dekorierten Gefäße, nach deren Farben man sich richten muß. Auch Vasen mit enger Halsöffnung sind weniger empfehlenswert, da sich die Steckmasse darin schwer befestigen läßt. Was nicht ausschließt, daß man sich mit einiger Erfindungsgabe auch in solchen Fällen zu helfen weiß.

Es ist unbedingt erforderlich, daß die Steckmasse gut festsitzt. Nichts ist lästiger als ein Strauß, der bei der geringsten Berührung aus der Vase fällt. Zum Glück gibt es entsprechende Steckhilfen; z.B. Kunststoffhalter mit Stacheln versehen, die unter dem Namen «Pinholder» bekannt sind.

Die Halter werden in das verwendete Gefäß geklebt, danach wird die Steckmasse fest in die Stacheln gedrückt. Versuchen Sie aber nicht, die Steckmasse festzukleben, das hält sie nicht aus.

Um ein genau passendes Stück Steckmasse für eine Vase zu bekommen, stellen Sie die Vase mit der Öffnung auf die Steckmasse und schneiden den Schaum mit einem scharfen Messer aus. Falls das Stück zu klein sein sollte, können Sie es mit kleinen Keilen aus Steckmasse festklemmen.

Vasen oder Gläser eignen sich besonders gut für Trockenblumen, da die Blätter, Samenstände und Gräser weit über den Rand herabhängen können, und das ergibt eine besonders schöne Wirkung. Für diesen Zweck müssen Sie den Steckschaum einige Zentimeter über den Rand hinausragen lassen, so daß man auch seitlich überhängende Zweige oder Blüten einstecken kann.

Bei einem «halben Strauß» kann es gleichfalls nützlich sein, wenn man ein gutes Stück über dem Rand zu stecken beginnt. Die Höhe des Buketts, das etwa das Anderthalbfache der Vase betragen soll, läßt sich so leichter erreichen. Außerdem braucht man für den «Kern» des Straußes weniger Blumen.

Damit die Steckmasse in einem Glasgefäß nicht sichtbar wird, können Sie Moos oder Blütenblätter in der Farbe des Straußes zwischen die Masse und die Glaswand füllen.

In einem Korb drücken Sie ein Stück einfachen Ton auf dem Boden fest, woran Sie mit langen Blumendrähten die Steckmasse befestigen. Dabei stechen Sie die Drähte durch die Masse so weit wie möglich in den Ton. Der Ton beschwert den leichten Korb und schrumpft beim Trocknen ein, so daß die Eisendrähte stramm sitzen.

Eine ausführliche Liste der Hilfsmittel finden Sie auf Seite 92.

Der Biedermeierstrauß

Beim Binden eines Biedermeierstraußes wendet man dieselbe Arbeitstechnik an wie bei einer Applikation. Lediglich die Form der Vase spielt dabei eine Rolle.

Der Strauß muß aussehen, als wüchse er aus der Vase heraus und darf nicht wie ein flacher Deckel auf ihr liegen.

Der Deutlichkeit halber hier noch einmal Punkt für Punkt die Arbeitsweise:

1. Sie klemmen die Steckmasse fest und überziehen sie mit Moos. Rentierflechte muß erst in lauwarmes Wasser eingeweicht werden, damit es biegsam wird. Die grellgrüne Farbe der Steckmasse wird durch das Moos verdeckt, außerdem hält es, nachdem es getrocknet ist, die Blumenstiele fest, wodurch das Ganze an Halt gewinnt.

2. Sie stecken zuerst die gut füllenden Blüten wie Hortensien, Doldenblüten, Mädesüß und auch Statizen.

3. Sie bestimmen die Gestalt des Straußes durch langstielige Blüten, Samenstände oder Blätter, zum Beispiel: Rittersporn, Polygonum, Beifuß, Judas-Silberling und Farnblätter.

4. Jetzt ist es Zeit für die «echten» Blumen wie Helichrysum, Acroclinium, Disteln und Jungfern im Grünen. Kleinere Blüten, wie die von Sonnenflügeln, Xeranthemum oder Ammobium bindet man besser in kleine Tuffs zusammen. Eine einzelne Blüte dieser Blumenart kommt in einem größeren Strauß kaum zur Geltung.

5. Zuletzt stecken Sie die besonderen Blumen ein. Wichtig ist, sie so einzufügen, daß die meist ausgewogene Regelmäßigkeit eines solchen runden Buketts nicht gestört wird. Das beste Ergebnis erzielt man durch eine ungerade Blumenzahl; gerade Zahlen teilen den Strauß in Hälften, Viertel usw., was die Einheitlichkeit beeinträchtigt.

6. Schleierkraut, Zittergras oder Frauenmantel können dem Strauß ein verspielteres Aussehen geben.

Beim ersten Versuch bereitet es vielleicht Mühe, die runde oder ovale Form des Buketts einzuhalten. Stecken Sie deshalb Sorte um Sorte systematisch ein,

«En face»-Bukett in blauen und grauen Farbtönen.
Den Untergrund bilden viele Hortensien, blaue und weiße Statize und
Anaphalis. Die Samenfäden der Küchenschelle
(Anemone pulsatilla) sorgen für eine duftige Wirkung.

währenddessen Sie den Strauß vor sich auf dem Tisch jeweils um ein Viertel drehen.

Sehr wichtig ist auch die Länge der Stiele. Vor allem bei den langen Blumen, die die äußeren Konturen bestimmen, müssen Sie auf die Form achten.

Um statt eines kompakten Blumenstraußes ein lockeres Gebilde zu erhalten, kann man den Strauß schichtenweise aufbauen. Halten Sie sich dabei an die zuvor beschriebene Reihenfolge, aber nehmen Sie etwas mehr Füllmaterial. Ferner dürfen die unter Punkt 3 genannten Blumen nicht unter die Blumen von Punkt 2 gemischt werden, sondern diese ein wenig überragen. Deshalb sollten die Stiele etwas länger bleiben.

En face

Einen Strauß, der vor einen Hintergrund gestellt wird, nennt man «En face» oder «englisches Bukett». Die Hinterseite dieses Straußes bleibt flach, während alle Aufmerksamkeit den vorderen und seitlichen Schauseiten gilt.

In jedem Buch über das Blumenarrangieren steht zu lesen, daß die Höhe eines «En face»-Buketts anderthalbmal so groß wie die der Vase sein muß.

Die Grundform ist deshalb ein Dreieck.

Ein «En face»-Bukett aus Trockenblumen wird nach denselben Regeln aufgebaut wie aus frischen Blumen. Allerdings ist es schwieriger, mit Trockenblumen dasselbe lebendige und üppige Ergebnis zu erreichen, wie mit frischen Blumen. An den trockenen Stielen fehlen die belebenden grünen Blätter, außerdem haben die Blumen nicht die weiche Neigung, die solchen Sträußen Schwung verleiht.

Wenn Sie Trockenblumen auf einer hohen Vase verarbeiten wollen, ist die gewünschte Höhe meist nicht leicht zu erreichen. Oft müssen die Stiele mit Stützdraht auf die richtige Länge gebracht werden. Der Nachteil ist, daß nach einiger Zeit ein Wald aus grünem Eisendraht auftaucht, der das natürliche Aussehen des Straußes nicht unbedingt fördert.

Um diesen Eindruck zu vermeiden, lassen Sie den Steckschaum ein gutes Stück über den Vasenrand aufragen. Die Steckmasse wird sorgfältig mit Moos bedeckt. Nun brauchen die Stiele nicht mehr so lang zu sein.

Auf diese Art läßt sich das «Herz» des Buketts leichter füllen, und auch die Seiten des Blumenstückes sind besser zu gestalten. Man muß ja das «halbe» Bukett auch von der Seite betrachten können. Es darf weder die Form eines flachen Schirmes haben noch wie ein Fächer aussehen. Die Seiten müssen sehr gut gefüllt werden!

1. Die Höhe des Buketts beträgt anderthalbmal die Höhe
der Vase, dementsprechend arbeiten Sie innerhalb eines gedachten Dreiecks.
2. Sie bestimmen die Konturen.

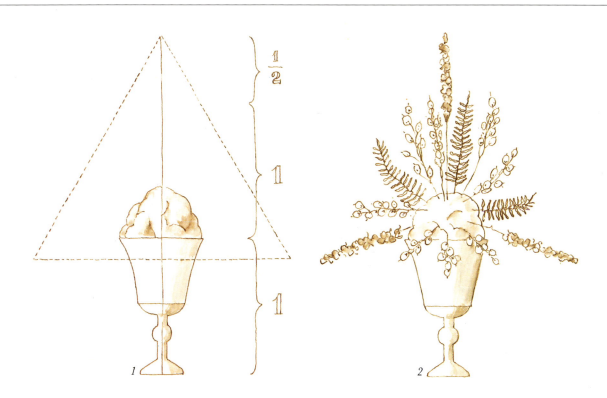

Die Arbeitsweise:
1. Nachdem Sie die Steckmasse gut befestigt und mit Moos bekleidet haben, wird die Form durch einzelne Zweige, Farnblätter, kräftige Blumenähren oder Samenstände festgelegt. Sie müssen ein gedachtes Dreieck von der Spitze bis zu den äußeren seitlichen Punkten bilden.

Der Strauß soll eine gewisse Tiefe erhalten, deshalb stecken Sie die ersten Zweige nicht einfach mitten in die Steckmasse, sondern so weit wie möglich hinten ein, so können auch die Seiten gut gefüllt werden.

Eine gewisse Tiefe des Straußes erlangt man auch dadurch, daß man vorn in die Steckmasse längere Zweige oder Blüten

steckt. In dem abgebildeten Strauß wurde das durch Rittersporn, Silberpfennig und Eselsohr bewirkt (Seite 64).
2. Sie beginnen nun, mit dem schon oft erwähnten Füllmaterial zu arbeiten. Vor allem die Stellen nahe der Steckmasse müssen vollgesteckt werden, um die Stiele, die in der Masse befestigt sind, möglichst dem Blick zu entziehen.

Danach müssen Sie mit Achillea, Hortensien und weißer und blauer Statize weiter in die Höhe arbeiten, bis etwa zur Hälfte der vorher festgelegten Konturen.
3. Jetzt bilden Sie das Zentrum oder Herz des Straußes durch ein paar ins Auge fallende Blumen und zusammengebundenen Blütentuffs. Im abgebildeten blauen

Strauß sind dies Große Carlina oder Silberdistel, Skabiosa und Edelweiß. Im Gegensatz zum Biedermeierstrauß, wo man nach einer gewissen Systematik vorgeht, hat man beim halben Strauß mehr Freiheit zum Einfügen der einzelnen Blumen. Das heißt natürlich nicht, daß etwa die linke obere Hälfte aus duftigen Blüten und die rechte aus kompakten Formen bestehen darf. Das Ziel ist eine gut ausgewogene Anordnung.
4. Wenn nun die Form zu Ihrer Zufriedenheit ausfällt, können Sie nach Herzenslust weiterstecken! Alle jene Blumen, die einen Farbakzent geben und jene Gräser und Samenstände, die den Umriß gestalten, erhalten ihren Platz. Die Silhouette ist

3. Sie stecken das Füllmaterial ein.
4. Das Bukett ist fertig.

3

4

sehr wichtig, da ja ein derartiges Bukett vor einen Hintergrund gestellt wird.

Das Stecken muß sich immer von einem gedachten Mittelpunkt ausrichten. Die Stiele sollen sich möglichst selten kreuzen.

5. Am besten stecken Sie den Strauß ganz fertig, wenn er auf seinem vorbestimmten Platz steht. Sie können so auch auf den Einfall des Lichtes achten und sehen jene Fehler, die noch korrigiert werden sollten. Achten Sie auch darauf, daß beim Anblick von der Seite keine häßlichen Lücken zu sehen sind.

Allgemeine Hinweise zum Binden von Sträußen:

1. Verwenden Sie nie zuviel «echte» Blumen. Viel besser ist es, sogenanntes Füllmaterial zu gebrauchen. Darunter versteht man solche Blüten oder Samenstände, die weder durch die Farbe noch durch die Form vorherrschen, wie alle Achillea-Arten, Rainfarn, Anaphalis-Arten, Hortensien, Mädesüß und unauffälligere Statize.

Im dosierten Verhältnis gesteckt, kommen die «echten» Blumen, ob nun hängend oder im Sand getrocknet, viel besser zur Geltung.

2. Denken Sie bei der Wahl des Pflanzenmaterials auch an abwechslungsreiche Formen. Nicht ausschließlich runde oder gefiederte Blüten verwenden.

3. Versuchen Sie, ein Arrangement duftiger zu gestalten, indem Sie es in mehreren Schichten aufbauen. Stecken Sie grundsätzlich die kleineren und helleren Blüten oben, die volleren Blumen unten in den Strauß.

4. Verwenden Sie beim Binden sehr großer Sträuße die kleineren Blüten in Tuffs. Vor allem Sonnenflügel und Helipterum, aber auch Lonas und Helichrysum lassen sich auf diese Weise gut verarbeiten.

Es ist hübsch, wenn man ausgewachsene Blüten mit ihren Knospen kombiniert.

5. Verarbeiten Sie zarte Blüten und

Samenkapseln immer zuletzt, da man sie dann weniger leicht beschädigt.

6. Arbeiten Sie nie mit zu trockenem Material, bringen Sie die Pflanzen tags zuvor lieber in einen ungeheizten Raum oder befeuchten sie sogar ein wenig mit einer Pflanzenspritze.

Helichrysum ist sehr empfindlich gegen Nässe, die Stiele erschlaffen rasch. Um das zu verhindern, müssen Sie die Blumen mit Drahtstielen versehen.

7. Es empfiehlt sich, einen Trockenblumenstrauß hin und wieder eine Weile fortzustellen, möglichst an einen dunklen Platz. Er wird weniger schnell langweilig und die Lebensdauer des Buketts verlängert sich.

8. Die endgültige Gestalt eines Straußes wird vor allem von der Vase bestimmt, aber auch von dem Platz, auf dem er stehen soll. Wenn Sie den Strauß auf einen Tisch stellen, muß man ihn von allen Seiten betrachten können! Ein rundes, der Biedermeierzeit nachempfundenes Blumengesteck paßt ausgezeichnet für diesen Zweck.

Zur Anfertigung eines Straußes, den Sie vor eine Wand oder vor das dunkle Loch eines nicht geheizten offenen Kamins stellen wollen, eignet sich die «En face»-Form sehr gut.

Festlicher Schmuck

Feste müssen gefeiert werden, sie sollen sich deshalb auch deutlich von den gewohnten Ereignissen und Verpflichtungen des Alltags abheben.

Das kann man auf vielerlei Art, etwa durch besondere Speisen und Getränke, durch Musik und festliche Dekorationen.

Blumen spielen dabei eine entscheidende Rolle.

Nun ist fast jede Hausfrau an Festtagen überbelastet, und frische Schnittblumen halten sich nicht lange. Trockenblumen lösen das Problem, weil die Dekorationen schon lange vorher angefertigt werden können, und man hat auch später noch seine Freude daran.

Hochzeiten

Die altmodischen, romantischen Hochzeiten werden heute seltener gefeiert, aber für diejenigen, die an der Tradition festhalten, sind einige Anregungen zum Schmücken sicherlich willkommen. Soll zum Beispiel das Haus der Braut geschmückt werden, sind Trockenblumen ideal dafür. Der Vorteil liegt nicht zuletzt darin, daß man die Dekoration nicht am Festtag selber anfertigen muß. Ein großes, auf Maschendraht gestecktes Arrangement, wie auf Seite 57 beschrieben, kann gut über der Tür befestigt werden. Vielleicht arbeiten Sie es in bogenförmiger Gestalt.

Auch *Bäumchen* (Brautbäumchen) wirken sehr festlich. Sie werden folgendermaßen gearbeitet: Sie nageln ein viereckiges Brettchen an einen Besenstiel, dies ist das Gerüst. Die Größe des Brettchens soll der Steckmasse entsprechen, die befestigt wird.

Auch an der Brett-Unterseite muß Steckmasse angebracht werden. Die

Ein Brautbaum aus weißen und grünen Trockenblumen. Der Untergrund besteht aus Hydrangea petiolaris, Mädesüß, Anaphalis, Achillea millefolium und weißer Statize. Anschließend werden weiße, in Sand getrocknete Pompondahlien, weiße Acroclinium, große Kletten und Silberdisteln eingesteckt; das Arrangement wird mit gebleichten (gekauften) Farnen, Schleierkraut und Judas-Silberling aufgelockert (siehe Seite 69).

Steckmasse befestigen Sie am Brett mit Blumendraht, den Sie der Länge und der Breite nach um das Ganze wickeln, bis es aussieht wie ein Postpaket.

Die quadratische Form erleichtert das Gestalten eines kugelförmigen Baumes, während sich ein Rechteck nur schwer verarbeiten läßt.

Den Besenstiel stecken Sie mitsamt einem nicht zu kleinen Klumpen Ton in einem Korb oder Topf fest. Der Behälter wird dadurch schwerer und der Baum stabiler. Den Ton bedecken Sie mit Moos, den Stiel umwickeln Sie mit Band, das in der Farbe zu den verwendeten Blumen paßt.

Jetzt beziehen Sie die Steckbasis mit Moos, und das Arrangieren der Blumen kann beginnen. Sie stecken zuerst die gut füllenden Blüten, dann die ährenförmigen zum Bestimmen der Konturen usw. (siehe Kranz oder Applikation).

Sparen Sie vor allem nicht mit der untersten Blumenschicht. Wenn Sie beim Arbeiten dicht am Untergrund bleiben, brauchen Sie weniger Material. Andernfalls entstehen Lücken, für die Sie zu viele schöne Blumen benötigen.

Zwei Bäumchen wirken hübscher als eines. Es ist zudem ein schöner Brauch, beiden Müttern der Jungvermählten je ein Bäumchen als Andenken zu schenken.

Sie können natürlich auch kleinere Bäumchen herstellen. Dazu nehmen Sie die im Handel erhältlichen Oasis- oder Kunststoffkugeln und stecken diese auf einen Pflanzenstab (Bambus). Als Basis benutzen Sie einen Topf oder Korb mit Ton.

Für die Brautjungfern sehen *Biedermeiersträußchen* aus Trockenblumen nicht nur hübsch aus, sie lassen sich auch für einen anderen Anlaß aufbewahren. Passende Haarkränze sind leicht herzustellen.

Der kleine Strauß wird in der Hand gebunden. Sie beginnen mit dem Zentrum und fügen die verschiedenen Blumen in immer größeren Kreisen hinzu. Sobald eine Runde fertig ist, umwickeln Sie das Ganze mit Blumendraht und gehen dann erst zur nächsten Reihe über.

Für die Mitte verwenden Sie Blumen mit eigenen Stielen, für die späteren Runden eignen sich Blumen oder Blütenbüschel auf einem Stiel aus Eisendraht besser.

Damit der Strauß nicht zu steif wirkt, biegen Sie die äußeren Blumenrunden ein wenig nach außen. Wenn das Bukett die gewünschte Größe erreicht hat, umwickeln Sie die Stiele mit Kautschukband, einem elastischen grünen Band, das von den Floristen zur Herstellung von Ansteckblumen verwendet wird. Eine Biedermeierspitze unterhalb der Blumen und ein zur Schleife gebundenes Band vervollständigen den Strauß.

Einen *Haarkranz* aus Blumen fertigen Sie auf dieselbe Weise an wie das Gebinde auf Seite 72.

Auch das *Streukörbchen* kann man mit Trockenblumen füllen. Dazu verwendet man entweder den Blütenabfall der oben beschriebenen Gestecke oder eigens von den Stielen abgezupfte Blütenköpfchen.

Natürlich gibt es noch viele andere Möglichkeiten für Hochzeits-Dekorationen. Größere Applikationen, eventuell eine Mischung aus frischen Blättern und Trockenblumen, lassen sich überall verwenden.

Ansteckblumen

Bei vielen Gelegenheiten erweist es sich als aufmerksame Geste, wenn die anwesenden Damen ein Anstecksträußchen überreicht bekommen.

Der Fachmann spricht bei diesen Sträußchen von «Korsagen». Wenn Sie eine Anzahl Anstecksträußchen in unterschiedlichen Farben herstellen, wird jede Dame ein zu ihrem Kleid passendes aussuchen können.

Auch Anstecksträußchen können schon lange vor dem eigentlichen Anlaß angefertigt werden.

Sie binden ein längliches Sträußchen auf ein Farnblatt, das als Unterlage dient. Auf dieses Blatt legen sie zuerst die länglichen, darauf die runden Blüten.

Die Stiele binden Sie unmittelbar unter den Blumen mit feinem Blumendraht zusammen. Wenn Sie die kleinen Blüten zu einer schönen Fächerform auseinanderbiegen wollen, müssen Sie jede einzelne Blüte mit einem Drahtstiel versehen. Das kostet natürlich zusätzliche Zeit, was bei einem ganzen Korb voll Anstecksträußchen sicher eine Rolle spielt.

Die Stiele verstecken Sie unter Kautschukband, das Sie im Blumenhandel kaufen können. Nun wird noch ein Schleifchen in der Farbe der Blumen angebunden, und der Ansteckstrauß ist fertig. Man kann ihn mit einer kleinen Sicherheitsnadel an der Kleidung feststecken.

Wiegensträußchen

Ein winziges Biedermeiersträußchen (siehe Seite 71), aus Blumen in den Farben der Wiege gebunden, ist ein reizendes Geschenk anläßlich einer Geburt.

Sie können auch kleine Kupferglöckchen einarbeiten, die in Handarbeitsgeschäften erhältlich sind.

Tischschmuck

Ob es sich um ein großes Diner oder um ein zwangloses Essen im Freundeskreis handelt, ein hübsch gedeckter Tisch ist immer ein festlicher Anblick, der die Aufmerksamkeit der Gastgeberin ausdrückt. Denn trotz fortschreitender Emanzipation ist es meist doch die Hausfrau, die sich um alles kümmern muß, wenn Gäste kommen; angefangen vom Einkaufen und Zubereiten der Mahlzeiten bis hin zum Decken der Festtafel. Und wenn alles fertig ist, soll sie die fröhliche Gastgeberin

sein und den Eindruck erwecken, als hätte sie alles im Handumdrehen erledigt.

Etwas, das schon vor dem Trubel vorbereitet werden kann, ist der Tischschmuck, sofern man ihn aus Trockenblumen zusammenstellt.

Tafelschmuck aus Trockenblumen, der zum Geschirr und/oder zur Tischdecke paßt, kann lange vorher angefertigt werden und läßt sich außerdem viele Male verwenden.

Sie können zum Beispiel eine Girlande aus Blumen binden, sie in verschiedenen

Formen auf den Tisch legen und mit einem oder mehreren Leuchtern kombinieren, die mit den gleichen Blumen geschmückt sind.

Girlanden dienen aber nicht nur als Tischschmuck, sondern können auch auf mancherlei andere Art verwendet werden:

Ein Strohhut «blüht» auf; der Schirm einer langweiligen Stehlampe erhält ein neues Gesicht. Der Stuhl des Geburtstagskindes ist schnell geschmückt, und das Kinderfahrrad, das für einen festlichen Umzug aufgeputzt wird, ist im

Handumdrehen verwandelt. Wenn Sie die Girlanden in Dosen (mäusesicher!) dunkel und trocken aufbewahren, haben Sie jahrelang Freude daran.

Eine Girlande entsteht

Sie legen Blumen und Pflanzen, die Sie verwenden wollen, in genügender Menge bereit. Die Stiele sind auf die richtige Länge zugeschnitten, das eventuell benötigte lange Moos ist auseinandergezupft, und die Blumen oder Blätter, die einen Stiel brauchen, sind gedrahtet.

Sie nehmen ein Stück dicken Blumendraht (0,8 mm), der als Gerüst der Girlande dienen soll. Ein Ende biegen Sie zur Schlaufe um und stecken das erste Blumenbüschel hindurch. Hierfür stecken Sie ein kleines Sträußchen mit einer spitzen Blüte als Unterlage zusammen, die den Anfang oder das Ende der Girlande bildet. Das Sträußchen muß mit dünnem Blumendraht, am besten langem Korsagedraht, an dem dicken Draht des Gerüstes befestigt werden.

Danach legen Sie schichtweise die Blumen auf die vorige Lage und binden sie gut mit dünnem Draht fest. Das geht einfach, wenn Sie den Draht sehr fest um die Stiele samt den dicken Draht winden. Wenn der dünne Draht zu Ende ist, nehmen Sie einen neuen. Sie brauchen ihn nicht so ordentlich zu verarbeiten wie bei einer Stickerei.

Wenn der Gerüstdraht zu Ende geht, machen Sie wieder eine Schlaufe, stecken den neuen Draht hindurch und drehen ihn mit ein paar Windungen fest. Auf diese Weise können Sie die Girlande nach Wunsch verlängern. Sie fahren mit dem neuen Draht fort wie bisher und legen weitere Blumen in Schichten an. Wenn

Eine Weihnachtskugel, wie sie auf Seite 75 beschrieben wird. Die Oasis-Kugel muß zuerst mit Islandmoos überzogen werden. Dann stecken Sie der Reihe nach Lärchenzapfen, künstliche Weihnachtsäpfel und weiße Helichrysum in regelmäßiger Folge ein. Die Kugel wird mit Schleifen, Schleierkraut und getrockneten Cinerarien fertiggestellt. Beim Aufhängen schmücken Sie die Kugel mit etwas Stechpalme oder Tannengrün.

die Blumen nicht allzu trocken sind, kann man sie meist mit den eigenen Stielen verarbeiten. Am Ende der Girlande wird ein ähnliches Büschel wie am Anfang eingearbeitet.

Sie legen dieses Büschel umgekehrt so auf, daß die Stiele der zuletzt aufgelegten Blumen darunter verschwinden und binden es darauf fest.

Wenn die Girlande zum Kranz gebunden werden soll, ist das letzte Büschel nicht nötig. In diesem Fall legt man das obere Ende der Girlande auf die untersten Stiele.

Weihnachtsschmuck

In welcher Weise wir auch Weihnachten feiern, kaum jemand wird sich der besonderen Stimmung in dieser Zeit entziehen können. Und fast jede Wohnung, jedes Haus ist mit Weihnachtsschmuck dekoriert.

Die Art und Weise des Schmückens ist allerdings sehr persönlich. Manche Menschen begnügen sich mit einem kleinen Baum oder hie und da einem Tannenzweig, während andere das ganze Haus schmücken. Wie dem auch sei, ein paar Anregungen zu schönem Weihnachtsschmuck sind sicher willkommen.

Wenn Sie die nachstehend beschriebenen Dekorationen trocken und dunkel aufbewahren, können Sie jahrelang Freude daran haben. Sie brauchen nicht zu fürchten, daß der Schmuck langweilig wird, denn er ist ja jedes Jahr nur eine kurze Zeit zu sehen.

Außerdem sind einige Dekorationen sehr stabil und leicht transportierbar, so daß man sie, wenn das Weihnachtsfest nicht zu Hause stattfindet, leicht mitnehmen kann.

*Ein Leuchter, geschmückt mit Hilfe von Oasis-Knet-
masse. Die «Hauptrolle» spielen die in Sand getrockneten Blüten der Galtonia. Außerdem werden
verwendet: Hortensie, Helichrysum, Judas-Silberling,
weiße Rhodante, Schleierkraut und das schön gefiederte Blatt der Cineraria (Silberblatt).*

Leuchter

Zum Schmücken eines Leuchters ist
Oasis-Knetmasse das beste Hilfsmaterial.
Das ist eine Art grüner Ton, der nicht
austrocknet. Er bleibt eine stets etwas
zähe Masse, in die sich die brüchigen
Stiele der Trockenblumen nicht immer
leicht einstechen lassen. Dieser Nachteil
wird jedoch dadurch aufgewogen, daß
man den Ton in jede gewünschte Form
kneten kann.

Für einen einfachen, geradförmigen
Leuchter kann man den Ton zu einer Art
Würstchen kneten und ringförmig um
den Leuchter rollen. Bei mehrarmigen
Leuchtern kann man an den Stellen, wo
sich die Arme teilen, zwei Klümpchen
anbringen. Bedenken Sie beim
Schmücken, daß Trockenblumen sehr
leicht entflammen.

Wenn der Ton fest auf dem Leuchter
anliegt, beginnen Sie mit dem Stecken.
Sie verkleiden den Ton mit ein wenig
Moos und stecken die Blüten ein.

Da die meisten Blüten oder Blütentuffs
gedrahtet sind, kann man sie leicht in jede
gewünschte Richtung biegen.

Wenn Sie nicht viel Platz haben (das ist
bei einfachen Leuchtern meist der Fall),
muß jede Blume am richtigen Platz sitzen
und das Gesicht zur Schauseite wenden.

Adventskränze

Kränze können auf verschiedene Weise
verwendet werden. Man kann sie auf
einen Tisch oder auf eine Kommode
legen, oder auch an die Wand oder an die
Decke hängen. Ein Adventskranz wird
meist an vier Bändern aufgehängt. Die
Bänder werden miteinander verknüpft

und mit einer Schnur an die Zimmerdecke gehängt.

Kränze aus frischem Tannengrün sind schön, aber auch Moos und Trockenblumen eignen sich sehr gut. Die letzteren haben den Vorteil, daß sie nicht nadeln und daß der Kranz auch noch im nächsten Jahr gebraucht werden kann.

Die Kranzunterlage wird aus Oasis-Platten hergestellt, wie beim Blumenkranz beschrieben (siehe Seite 60).

Das Moos spielt nun aber eine größere Rolle, da es nicht nur den Hintergrund, sondern die Basis des Arrangements bildet, die auch beim fertigen Kranz gut sichtbar bleibt.

Der Schmuck des Kranzes richtet sich nach der Farbe des verwendeten Mooses, so wirkt zum Beispiel eine Kombination aus weißen Helichrysum, Lärchenzapfen, viel Schleierkraut und Bändern in gebrochenem Weiß, zusammen mit grünem Moos, sehr schön. Auch eine Zusammenstellung aus dünn mit Goldfarbe besprühter Nicandra, weißen Xeranthemum-Tuffs, golden besprühten Samenständen des Wasserwegerichs und Goldbändern ist hübsch.

Künstliche, rote Weihnachtsäpfel aus grauem Moos, kombiniert mit Erlenzapfen und Tuffs aus weißen Xeranthemum, sehen fröhlich aus. Abschließend wird der Kranz mit rotem Band geschmückt.

Es gibt zwei Möglichkeiten, um Kerzen auf den Kranz zu stecken. Man kann spezielle Halter kaufen und sie in die Steckmasse stechen. Sie können aber auch mit einem Apfelbohrer passende Löcher für die Kerzen aushöhlen.

Denken Sie jedoch daran, daß getrocknetes Material leicht brennbar ist.

Kleine Schleifen bindet man zuerst und drückt sie dann mit einem Stück gebogenen Eisendraht tief in die Steckmasse, so daß die Schleifenenden weit abstehen.

Weihnachtsäpfel kann man in allen Farben und Größen kaufen. Sie sind meist gedrahtet, so daß sie sich leicht befestigen lassen.

Falls Sie Perlen verwenden wollen, stecken Sie einen dünnen Draht durch die Perle, wickeln ihn mit ein paar Windungen fest und stechen dann den Draht in die Steckmasse.

Einen Kranz für die Tür kann man dicht mit Nüssen und Tannenzapfen vollstecken, eventuell kombiniert mit großen Samen.

Es gibt aber noch mancherlei andere Dinge, um einen Kranz weihnachtlich zu schmücken. So ergeben echte Silberdisteln oder sogar abgezupfte Distelböden (siehe Seite 46) einen hübschen Glanzeffekt. Wenn Sie einmal bei der Arbeit sind, kommen oft die besten Ideen.

Weihnachtsbäume und Weihnachtskugeln

Kleine Bäume und Kugeln werden, wie der Kranz, auf einer Unterlage aus Steckmasse gearbeitet. Beim Floristen erhalten Sie Kugeln und Kegel aus Oasis. Diese müssen mit Moos bekleidet werden, so daß die Steckmasse nicht mehr sichtbar ist. Darauf verteilen Sie mehr oder weniger weihnachtlich anmutende Blumen und Samenstände, wie von Helichrysum und Xeranthemum. Falls Sie eine Kugel aufhängen wollen, stecken Sie auf die schon bekannte Art Blumendraht hindurch, biegen ein Häkchen am anderen Ende und ziehen den Draht in die Kugel zurück. Jetzt noch das obere Ende zur Schlaufe umbiegen und ein Band daran festknüpfen.

Beim Schmücken achten Sie auf eine gewisse Ausgewogenheit und darauf, daß die verwendeten Blüten und Früchte, etwa Lärchenzapfen, ungefähr dieselbe Größe haben.

Als Material sind ferner gut verwendbar: künstliche Äpfel, Beeren, winzige Pilze, Perlen und Schleifen. Sehr kleine Weihnachtskugeln erhalten Sie, wenn Sie die kleinsten Kunststoffkugeln mit weißen Xeranthemum-Blüten dicht vollstecken, dazwischen ein paar künstliche Stechpalmbeeren einfügen und die Kugeln an einem roten Bändchen aufhängen.

Wenn Sie einen Kegel herstellen, achten Sie auf die regelmäßige Form. Sie neh-

*Mit Hilfe von festem Blumendraht basteln Sie
den Aufhänger für eine Applikation oder Kugel.
Weihnachtsbäumchen aus Wasserwegerich.*

men für die Basis die größeren Blumen, Tannenzapfen und dergleichen; anschließend verarbeiten Sie immer kleinere Pflanzen, je mehr Sie sich der Spitze des Kegels nähern.

Aus den ganz kleinen Kegeln oder Kugeln können Sie Bäumchen mit einem Stamm herstellen. Sie stecken diese auf einen Stab, den Sie in einem Topf mit Ton befestigen. Den Ton bedecken Sie mit Moos.

Große Bäume aus Kegeln lassen sich gut auf die Reise mitnehmen. Außerdem entsteht kaum Schaden, wenn ein Kegel einmal umfällt.

Eine kleine Weihnachtsfreude

Aus einem sorgfältig aufgehängten, getrockneten Wasserwegerich (siehe Seite 45) läßt sich leicht ein Weihnachtsbäumchen herstellen. Die Zweige dürfen aber nicht in Unordnung geraten sein. Am besten schneiden Sie die Spitze mit zwei Seitenquirlen einer größeren Pflanze ab.

Danach stecken Sie den Wegerich in einen in Alufolie gewickelten Tonklumpen, der den Fuß bildet. Den Ton bedecken Sie später mit Moos.

Der Baum erhält einen Hauch Goldspray, so daß die feinen Äste und Samen golden glänzen. Den Baum kann man danach mit falschen Beeren, durchsichtigen Perlen und Schleifen verzieren.

Wenn das Bäumchen nicht zu groß ist, bildet es einen hübschen weihnachtlichen Tafelschmuck, seine zarte Gestalt behindert ganz sicher nicht die Tischgespräche.

Für diesen Trockenstrauß aus dem Kräutergarten
werden verwendet: Rainfarn, Hopfen und Frauenmantel als Basis. Die Konturen bestimmen Beifuß (1),
Ysop (2), Lavendel (3) und Sauerampfer. Danach
kommen gefüllte Kamille (Matricaria) (5) und Majoran (Origanum vulgare) (6). Zum Schluß werden die
markanten Samen von Süßdolde (7), getrocknete gelbe
Rosenknospen (8) und die flauschigen Samenkapseln
von Boretsch oder Gurkenkraut eingesteckt.

Kräuter

Schon seit Jahrhunderten spielen die Kräuter in unserem Leben eine wichtige Rolle. Bereits lange Zeit vor Chr. wurden sie ihrer medizinischen, kulinarischen und kosmetischen Wirkung wegen gezüchtet.

Man schrieb ihnen Zauberkräfte zu und braute aus ihnen Hexen- und Liebestränke. Auch in der Mythologie und Astrologie waren die Kräuter von Bedeutung.

Bereits im ersten Jahrhundert nach Chr. schrieb der griechische Arzt Dioskurides seine «De materia medica», eine Abhandlung über die Verwendung von Heilkräutern, die jahrhundertelang benutzt wurde. Und durch Ausgrabungen alter Papyrusrollen entdeckte man, daß die Ägypter die heilsame Wirkung von Thymian, Kümmel und Knoblauch kannten.

Auch die Römer machten viel Gebrauch von Kräutern, sie streuten Lavendel, Rosen und Safran auf den Fußboden, um im Haus einen angenehmen Duft zu erzeugen. Dieselben Pflanzen benutzten sie zum Parfümieren der Bäder. Durch die römischen Feldzüge verbreitete sich die Kräuterkunde in ganz Europa.

In den ummauerten Kloster- und Schloßgärten erreichte die Kräuterkultur ihren Höhepunkt. Außer Kräuter wurden dort auch Gemüse und duftende Blumen, wie Lilien, Rosen und Veilchen gezüchtet.

Im vergangenen Jahrhundert ging der Gebrauch von Kräutern infolge der Entwicklung der Chemie und einer besseren Hygiene stark zurück, doch ist in den letzten Jahren glücklicherweise ein erneuter Aufschwung bemerkbar. Statt der künstlichen Duft- und Geschmacksstoffe findet das reine Aroma der Kräuter wieder viel Anklang.

Für den Kräuterliebhaber bedeutet diese Entwicklung, daß Samen und Pflanzen vieler Kräutersorten wieder leichter zu bekommen sind.

Auch im Kräutergarten gibt es Blüten und Blätter, die sich in einem Trockenstrauß gut kombinieren lassen.

Da die Kräuterfamilie sehr umfangreich ist, wollen wir uns hauptsächlich mit den Küchenkräutern befassen. Dieses Buch widmet sich ja der Herstellung von Dekorationen, so daß die Vorstellung der Kräuter vor allem unter diesem Gesichtspunkt erfolgt.

Pflücken und Trocknen

Der Zeitpunkt des Pflückens richtet sich nach dem Zweck, zu dem die Kräuter gebraucht werden. Deshalb unterteilen wir die Anleitungen zum Ernten und Trocknen in zwei Gruppen.

Die Blüten

Die blühenden Kräuter, die jeden Garten so farbig machen, lassen sich im allgemeinen gut trocknen. Sehr gut eignen sich Majoran, Schnittlauch, Bergamotte, Minze-Arten, Baldrian, Ysop, Lavendel, Gefüllte Kamille, Beifuß und Estragon.

Sie pflücken die Blumen kurz vor dem Höhepunkt der Blüte. Die Blüten öffnen sich während des Trocknens weiter. Vor allem Schnittlauch darf nicht zu spät abgeschnitten werden. Hingegen sollen die Zweige von Beifuß und Estragon in voller Blüte gepflückt werden.

Sie binden die Blüten in Büschel und lassen sie in einem trockenen, gut gelüfteten Raum aufgehängt trocknen (siehe Seite 13).

Samenstände und Samenkapseln

Wenn Sie die Samenstände zu Dekorationen verwenden wollen, müssen sie vor dem vollständigen Ausreifen des Samens gepflückt werden. Zum kulinarischen Gebrauch werden die Samen natürlich erst geerntet, wenn sie völlig reif sind.

Die dekorativsten Samenstände entdeckt man bei Engelwurz (mit dem Riesenbärenklau vergleichbar), Dill, Liebstökkel, Koriander, Weinraute und Süßdolde.

Auch der Boretsch trägt prächtige, graubehaarte Samenkapseln. Für Trockenzwecke müssen sie gepflückt werden, wenn die letzten blauen Blüten noch blühen.

Sauerampfer fällt rasch aus. Die Blätter werden gepflückt, wenn die Samen sich rot verfärben.

Verblühter Salbei ist schön in Form und Farbe und deshalb ebenfalls gut geeignet.

Die Samenkapseln und -stände bindet man gleichfalls in Büschel und läßt sie hängend trocknen.

Blätter

Die Blätter oder beblätterten Zweige von Weinraute, Beifuß, Salbei und Lorbeer sollten Sie leicht pressen, um sie später besser verarbeiten zu können (siehe Seite 15).

Bei der kulinarischen Verwendung geht es um die Erhaltung des Aromas. Viele Kräuter enthalten ein Maximum an flüchtigen Duftölen, wenn die ersten Blütenknospen an der Pflanze erscheinen.

Sie pflücken die Kräuter, wenn der Tau getrocknet ist, die Sonne aber noch nicht den höchsten Stand erreicht hat: starke

Sonnenhitze läßt die flüchtigen Öle entweichen.

Sie ernten nur die Spitzen der Pflanzen, so daß noch Blätter an den Stengeln bleiben und die Pflanze erneut austreiben kann.

Süßdolde, Petersilie, Sellerie und Liebstöckel müssen ziemlich früh gepflückt werden, solange die Blätter noch saftig sind.

Die strauchigen Kräuter wie Salbei, Thymian, Majoran, Rosmarin und Lorbeer behalten ihren Duft sehr lange.

Sie binden die Kräuter in nicht allzugroße Büschel und hängen sie in einen dunklen, trockenen, gut gelüfteten Raum.

Wenn die Kräuter völlig getrocknet sind, zupfen Sie die Blätter von den Stengeln und zerkrümeln sie. Die zerriebenen Kräuter werden in gut verschlossenen Gefäßen an einem dunklen Platz aufbewahrt.

Die langsam trocknenden Blätter von Dill, Fenchel, Petersilie, Sellerie, Schnittlauch, Liebstöckel, Basilikum und Kerbel bewahren ihren Duft besser, wenn sie rasch im Backofen getrocknet werden. Dazu pflücken Sie die Blätter von den Stielen und breiten sie sorgfältig auf einem Backblech aus. Schnittlauch sollte bereits vorher kleingeschnitten werden.

Die Temperatur des Backofens darf auf keinen Fall mehr als 50° C betragen, da sonst die flüchtigen Öle verdampfen. Die Ofentür muß während des Trocknens einen Spalt offenstehen, damit die Feuchtigkeit abziehen kann. Nehmen Sie die Blätter heraus, sobald sie sich trocken anfühlen und leicht zerreiben lassen.

Die Kräuter bewahren Sie ebenfalls in gut verschließbaren Gefäßen auf.

Dekorationen aus getrockneten Kräutern

Obwohl eine Kombination aus Kräutern und anderen Trockenblumen sehr gut aussieht, sollten Sie einmal ein Bukett zusammenstellen, das nur aus Trockenkräutern besteht. Es wird nicht ganz so farbig sein, dafür aber einen feinen sommerlichen Duft verbreiten.

Hier einige Anregungen für Dekorationen, deren Bestandteile Sie entweder bei der Zubereitung der Mahlzeiten, oder – in einer anderen Zusammensetzung – als Kosmetika verwenden können.

Ein Gewürzkranz wird aus Kräutern, Kräutersäckchen und den Blüten von Kräutern zusammengestellt. Einen Badezimmerkranz bindet man auf dieselbe Art, aber mit anderen Kräutern. Auch der italienische Zopf wird nach dieser Methode angefertigt.

Die Zusammenstellung ist wie folgt: Einen Knoblauchzopf verziert man mit Majoran- und Schnittlauchblüten, Schalotten, Thymian- und Basilikumzweigen und eventuell mit einem Band.

Hübsch ist ein Strohzopf, den man mit Kräuterblüten, Lorbeerblättern und Kräutersäckchen schmückt. Man kann einen solchen Zopf auch nur aus Fischkräutern zusammenstellen, oder aus Indischen Kräutern wie z. B. Sereh-Sprossen, Dajunsalam-Blättern, Djeruk-purut-Blättern, roten Pfefferschoten und getrockneten Blüten und Samen von Koriander. Die Herstellung eines Strohzopfes wird auf Seite 91 beschrieben.

Küchenkräuter-Kranz

Den Untergrund des Kranzes bildet ein Ring aus Steckmasse, den man mit Moos bezieht (siehe Kränze Seite 93). Zum Gebrauch in der Küche wird er mit Kräutersäckchen, Schalotten und Knoblauchzwiebeln besteckt.

Sie schmücken den Kranz anschließend mit Majoranblüten, Dill- oder Fencheldolden, Zweigen von Thymian, Estragon und Eberraute sowie mit gepreßten Salbei-und Lorbeerblättern (die Sie vorher auf Blumendraht setzen müssen).

Die Füllung eines *Kräutersäckchens* nennt man «bouquet garni». Es enthält eine Mischung aus passenden Kräutern, mit denen Sie Soßen, Eintopfgerichte, Marinaden und Fleischbrühe verfeinern können.

Eine Grundmischung besteht aus:
1 Eßlöffel Petersilie
1 Teelöffel Thymian
1 Lorbeerblatt
2 – 3 Pfefferkörner

Die Zusammenstellung können Sie selbstverständlich jedem Gericht und Ihrem Geschmack entsprechend ändern und ergänzen.

Sie zerreiben die Kräuter und füllen einen Eßlöffel der Mischung in ein Stückchen Nesseltuch oder Gaze von 15 x 15 cm. Sie binden es mit einem Stück Eisendraht kugelförmig ab und lassen ein Stück Draht überstehen, um das Säckchen damit in den Kranz zu stechen. Unten in die Mitte des so geformten Kräutersäckchens können Sie noch eine Gewürznelke stecken.

Weitere wohlschmeckende Kräuterkombinationen:

Für Rindfleisch: Liebstöckel/Sellerie/Majoran

Für Schweinefleisch: Salbei/Majoran/Rosmarin

Für Geflügel: Estragon

Für Lammfleisch: Rosmarin

Für italienische Gerichte: Basilikum/Majoran/Oregano

Für Fisch: Kerbel und Fenchel/Dill mit wenig Eberraute
oder einem Stück Zitronenschale

Für Marinaden: mehr Thymian, mehr Pfefferkörner, Wacholderbeeren

Für fettes Fleisch: Rosmarin

Gehen Sie sparsam mit den zusätzlichen Kräutern um, sie haben meist einen starken Geschmack. Nur in Marinaden darf das bouquet garni etwas dominieren.

Das Kräutersäckchen ist der wichtigste Bestandteil des Küchenkräuter-Kranzes. Am besten fertigen Sie mehr Säckchen an, als Sie zunächst für den Kranz brauchen. Bei ständigem Verbrauch bekommt der Kranz bald Lücken, die Sie mit den restlichen Säckchen auffüllen können. Bewahren Sie die Säckchen in Glasgefäßen auf.

Badezimmerkranz

Nach derselben Methode wie beim Küchenkräuter-Kranz wird auch der Badezimmerkranz angeordnet. Nur die Zusammenstellung der Kräuter und Blüten ist eine andere.

Die Säckchen für den Badezimmerkranz werden mit süß duftenden Blüten und Kräutern gefüllt. Ihre Mischung kann für das Badewasser oder für eine Haarspülung bestimmt sein. Einzelne Beutel verschiedenen Inhalts eignen sich beispielsweise auch für die Toilette oder für den Schlafzimmerschrank. Zum Schmücken kommen Lavendel- und Majoranblüten, Rosenknospen, Schleierkraut und die gepreßten Blätter duftender Geranienarten in Betracht.

Obwohl diese Pflanzen zur Kräuterfamilie gehören, kann man sie auch in Staudenrabatten setzen. Kombinieren Sie Kräuter und Blumen und stellen dabei Ihre eigenen Variationen zusammen.

Zwei Beispiele gut riechender Mischungen:

Gemisch mit Lavendelduft

viel Lavendel
Bergamotte
ein wenig Minze
duftende Rosenblätter
Rosmarin
getrocknete Orangenschalen

Gemisch mit Zitronenduft

Zitronenmelisse
Zitronengeranie
Bergamotte
sehr wenig Eberraute
getrocknete Zitronenschalen

Die Säckchen für das Badewasser werden während des Einlaufens des Wassers unter den Warmwasserhahn gehängt. Einen stärkeren Duft erhalten Sie, wenn Sie die Säckchen vorher eine Stunde lang in kochendes Wasser legen. Dann legen Sie den Deckel auf und nehmen den Topf von der Kochstelle.

Für Haarspülungen verwendet man gerne Kamille und Rosmarin. Dabei sollten blonde Haare mit Kamille gespült werden und dunklere Haare mit Rosmarin, um ihnen einen blonderen beziehungsweise dunkleren Glanz zu verleihen.

Sie lassen die Beutel eine Stunde lang in kochendem Wasser ziehen und benutzen den Sud als letztes Spülwasser. Wenn Sie zum Haarewaschen außerdem Regenwasser verwenden, wird Ihr Haar nicht nur angenehm riechen, sondern auch besonders schön glänzen.

Wenn sich Motten in einen Schrank eingenistet haben, bedeuten Beutel mit mottenvertreibenden Kräutern eine Abhilfe. Sie können an der Innenseite der Schranktür eine Applikation hängen, die Sie mit Kräutersäckchen und den Blüten dieser Kräuter schmücken. Geeignete Sorten sind Rainfarn, Beifuß, Heiligenblume und Eberraute.

Zweifellos werden Ihnen bei dieser Art des Trocknens noch viele andere Ideen einfallen.

Ein Hut oder Lampenschirm, geschmückt mit einer Girlande aus Trockenblumen.
(siehe Seite 72).

Verschiedene Grasarten, die sich zum Pressen eignen.
Auf Seite 85 sehen Sie:
1. Sauerampfer
2. Bärenklau
3. Rosafarbene Achillea millefolium
4. Hirtentäschel

Pressen von Blumen und Blüten

Wohl jeder von uns hat irgendwann einmal eine Blüte oder ein Kleeblatt in einem dicken Buch getrocknet. Wer das Glück hatte, vierblättrigen Klee zu finden, hat ihn sicherlich aufgehoben. Diese Art zu Pressen ist alt. Es gibt Bücher aus Viktorianischer Zeit, in denen die ganze Alpenflora auf diese Weise versammelt ist. Es gibt sogar Herbarien aus noch früherer Zeit und aus allen Teilen der Welt.

Das Herstellen einer Blumenpresse

Um bei selbst gepreßten Blumen keine Enttäuschungen zu erleben, empfiehlt es sich, mit einer richtigen Blumenpresse zu arbeiten. Der Preß- und Trockenvorgang läuft darin schneller ab und die Blumen bleiben besser erhalten.

Eine Blumenpresse im Kleinformat können Sie in Bastelläden kaufen, aber auch ohne großen Aufwand selbst anfertigen: Sie nehmen Löschpapier und falten es doppelt, Zeitungen und 2 Sperrholzplatten. In die Ecken der Holzplatten werden Löcher gebohrt, durch die man Schrauben stecken kann.

Zwischen die Holzplatten legen Sie umschichtig die doppelt gefalteten Löschpapierblätter und Zeitungen. Sie schließen die Presse, indem Sie die Schrauben zuerst durch die Bohrlöcher, dann durch kleine Ringe stecken und anschließend mit Flügelmuttern fest verschrauben.

Material für eine Blumenpresse
Kräftige Löschpapierblätter, 45 x 48 cm
Zeitungen
2 Sperrholzplatten, 31 x 50 cm
4 Schrauben, Durchmesser ± 7 mm
4 passende Flügelmuttern
4 passende Ringe

Pressen

Die Gräser, Moose, Blüten und Blätter müssen an einem sonnigen Tag gesammelt werden. Achten Sie darauf, daß alle gut trocken sind. Das gesammelte Material muß rasch in die Presse gelegt werden, denn wenn es verwelkt ist, kommt es verschrumpelt aus der Presse.

Sie beginnen am besten mit einfachen Blumen, wie Veilchen, Hortensienblüten und Butterblumen. Vielleicht aber bevorzugen Sie wilde Blumen und Pflanzen, diese sollten Sie umsichtig sammeln und darauf achten, keine geschützten Pflanzen zu pflücken.

Beim Verarbeiten von gepreßtem Material merken Sie, daß man mit einzelnen Blüten, Farnblättern und Gräsern sehr viel anfangen kann. Grundsätzlich kann jede Blume gepreßt werden, aber die Farben bleiben nicht immer gleich gut erhalten.

Sobald Sie mit Ihrer Ernte heimgekommen sind, nehmen Sie ein doppelt gefaltetes Löschblatt und schlagen es auf.

Blumen haben meist einen etwas dickeren Blütenboden, den Sie am besten zwischen Daumen und Zeigefinger vorsichtig flach drücken. Sie legen die Blüten mit dem Gesicht nach unten auf die eine Hälfte des Löschblattes.

Gräser und Moose müssen ausgedünnt werden, sonst wirken sie unordentlich und ihre schöne Form ist nicht erkennbar.

Lassen Sie genügend Platz zwischen den einzelnen Blumen, und legen Sie auf ein Blatt möglichst nur Material derselben Dicke, da der Druck sich sonst ungleichmäßig verteilt. Wenn die Blütenherzen oder die Stengel zu dick sind, sollte man sie abschneiden und gesondert in einer Lage trocknen.

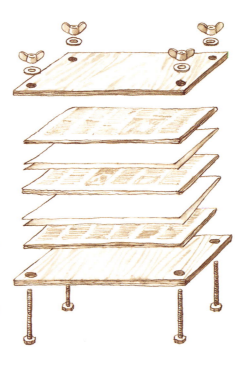

Prüfen Sie, ob alle Pflanzenteile richtig liegen und falten dann das Löschblatt vorsichtig zusammen.

Auf den Boden der Presse legen Sie eine doppelt gefaltete Zeitung, darauf das Löschblatt, dann wieder eine doppelte Zeitung usw.

Löschblätter mit sehr dicken Lagen legen Sie zwischen zwei dickere Zeitungsschichten, damit nichts in andere Löschblätter durchgedrückt wird.

In einem Haus mit Zentralheizung sind die Blumen nach vierzehn Tagen ausreichend getrocknet.

Sie dürfen die Presse zwar hin und wieder öffnen, um neue Löschblätter einzulegen, aber rühren Sie die unteren Löschblätter nicht an. Nach zwei Wochen können die ersten Löschblätter herausgenommen werden. Falls die Herzen einzelner Blüten festgeklebt sind, lösen Sie sie vorsichtig mit einem dünnen Messer ab.

Schnelle Preßmethode

Um die Blumen schneller pressen zu können, legt man sie wie oben beschrieben zwischen Löschblätter. Auf eine harte Unterlage kommt eine Lage Zeitungen. Sie legen die Löschblätter darauf und eine weitere Lage Zeitungen darüber. Jetzt fahren Sie mit einem Bügeleisen über das Papier hinweg. Es darf nicht zu heiß sein, sondern nur so warm, daß der Stapel sich gut erwärmt.

Das Aufbewahren von gepreßten Blumen

Da die Blüten und Blätter sich in feuchter Atmosphäre wieder aufzurollen beginnen, bewahrt man sie am besten in einem alten Telefonbuch oder zwischen alten Zeitschriften auf. Legen Sie diese aber an einen sicheren Platz, damit sie nicht versehentlich unter das Altpapier geraten.

Kleben

In welcher Weise man die gepreßten Blumen auch zu verarbeiten gedenkt, sie müssen immer auf eine Unterlage geklebt werden. Dabei gehen Sie nach einem festen Plan vor. Wenn Sie die benötigten Blumen ausgesucht haben, legen Sie sie mit Hilfe einer Pinzette oder einem dünnen Messer auf dem gewählten Untergrund aus. Wenn Ihnen das Arrangement gefällt, bestreichen Sie alle Blüten und Stiele an der Hinterseite vorsichtig mit einer dünnen Schicht Klebstoff. Bedenken

Sie dabei, daß sie sehr zart und zerbrechlich sind.

Sie benötigen nur sehr wenig Klebstoff. Mit einfachem transparentem Fotokleber, der in Tuben oder Fläschchen mit einer Dosiertülle verkauft wird, kann man sehr exakt arbeiten.

Vor dem Aufkleben auf einen gelackten oder gestrichenen Untergrund kann man mit einem dünnen Pinsel etwas weißen Lack auf die Hinterseite der Blüten auftragen. Vor allem bei sehr feinen Gräsern und gefiederten Blättern ergibt dies einen hübschen Effekt.

Nachdem Sie alle Blumen mit Klebstoff oder Lack bestrichen haben, legen Sie sie in der zuvor ausgewählten Anordnung zurück. Gehen Sie aber achtsam vor, falls Sie etwas korrigieren wollen, denn der Klebstoff hinterläßt leicht Flecken.

Wenn alles fertig geklebt ist, breiten Sie ein Blatt Löschpapier darüber und legen ein schweres Brett oder ein dickes Buch obenauf, um jedes Aufrollen der Blätter zu verhindern.

Lassen Sie Ihre Arbeit einen Tag so stehen. Der Klebstoff ist nun gut getrocknet, und Sie können das Werkstück abrunden.

Blumenbilder müssen mit einer Glasscheibe und einem Rahmen versehen werden.

Gebrauchsgegenstände überzieht man am besten mit einem matten hellen Lack.

Glückwunsch- oder Tischkarten kann man mit einer durchsichtigen Klebefolie überziehen.

Gestaltungsideen für gepreßte Blumen

Vielleicht sind Sie anfänglich nicht ganz zufrieden über Ihre geklebten Werke, sicher aber erlangen Sie mit der Zeit eine gewisse Übung. Insbesondere beim Gestalten von Glückwunsch- und Weihnachtskarten oder auch Geschenkanhängern sammeln Sie viel Erfahrung.

Beliebte und hübsche Geschenke sind die mit Blumen verzierten Streichholzschachteln, Kerzen, Tabletts, Geburtstagskalender, kleine Untersetzer und Lesezeichen. Diese Gebrauchsgegenstände müssen aber durch eine Lackschicht oder durch Plastikfolie (z. B. Einbandfolie für Bücher) geschützt werden.

Die Idee für einen *Ostereierbaum* geht auf einen schwedischen Brauch zurück. Einige Wochen vor Ostern pflückt man einen schönen Birkenzweig und läßt ihn in der Vase antreiben.

Der frische grüne Zweig wird zu Ostern mit Eiern geschmückt, die ausgeblasen wurden und mit Blumen beklebt sind.

Die Eier halten sich jahrelang, wenn man sie vorsichtig behandelt und dunkel aufbewahrt.

Wer die Technik des Klebens gut beherrscht, kann sich damit beschäftigen, ein Bild zu komponieren.

Wählen Sie die Farbe und das Material des Hintergrundes sorgfältig aus. Der Hintergrund kann gemalt sein, aber auch aus grob gewebtem Leinen oder echter Seide bestehen.

Sehr raffiniert wirkt es, wenn die Bildfarben mit den Farben des Raumes harmonieren, in dem das Bild aufgehängt wird.

Versuchen Sie auch einmal, gepreßte Blüten und Blätter mit einfachen Trockenblumen zu komponieren.

Dieses Strohkreuz wurde auf dieselbe Weise angefertigt
wie für den «Lebensbaum» beschrieben (Seite 91).
Verwendetes Getreide:
1. Weizen
2. Gerste
3. Roggen
4. Hafer

Stroh

Stroh ist ein schönes Material zum Verarbeiten. Es lassen sich daraus viele Dekorationen und Gebrauchsgegenstände anfertigen.

Auch in früheren Zeiten wurde mit Stroh gearbeitet. In verschiedenen Ländern Europas gehörte es zum alten Brauchtum, etwa auf die letzte Garbe der Ernte einen Schmuck aus Stroh zu setzen. In Schweden werden immer noch viele Dinge aus Stroh gearbeitet, besonders in der Weihnachtszeit. Und England hat seine «corn dollies», ein traditionelles Kunsthandwerk.

Heute ist es nicht immer einfach, Stroh zu bekommen. Landwirtschaftliche Maschinen zerhacken die Halme in Stücke, die sofort zu Ballen verarbeitet werden. Vielleicht können Sie einen Bauern bitten, ob er bei der Ernte etwas Stroh für Sie abmäht. Oder Sie dürfen es mit seiner Erlaubnis selbst abschneiden.

Die frisch geschnittenen Halme können sofort verarbeitet werden. Wollen Sie das Stroh jedoch aufbewahren, so können Sie die Halme, in Büscheln gebunden, ebenso aufhängen wie Trockenblumen. Denken Sie aber daran, daß Mäuse mit Vorliebe die Ähren leerfressen.

Alle Getreidearten sind verwendbar. Roggenstroh hat die längsten und biegsamsten Halme, es eignet sich daher besonders gut. Aber auch andere Arten wie Hafer, Gerste und Weizen lassen sich gut verarbeiten. Die Haferähren sind sehr dekorativ. Verschiedene am Wegrand gepflückte Gräser können mit dem Stroh spielerisch gestaltet werden.

Ehe wir das Stroh verarbeiten, müssen die Halme Stück für Stück geschält werden: das stumpfe Schutzhäutchen, das den Halm umgibt, muß abgezogen wer-

den. Das ist eine langwierige Arbeit. Am geschicktesten erledigt man sie gleich nach dem Pflücken. Die Halme sind dann noch sehr biegsam und brechen nicht so leicht.

Wenn Sie für feinere Flechtarbeiten nur den oberen Teil des Halmes brauchen, schneiden Sie ihn unmittelbar über dem obersten Knoten ab. Das Häutchen läßt sich nun leicht abziehen.

Je nach der Gegend, in der die Strohdekorationen hergestellt werden, kennt man unterschiedliche Techniken. An manchen Orten flicht man die Strohbündel zu dicken Zöpfen, anderswo werden zarte, spiralförmige Flechtarbeiten zu einzelnen Halmen angefertigt. Ferner verwendet man Stroh für Weihnachtsfiguren und Tiere.

In diesem Buch wollen wir einige leicht auszuführende Anregungen geben und auf Richtlinien aufmerksam machen. Wenn Sie sich tiefer mit der Materie beschäftigen möchten, so finden Sie im Handel und in Bibliotheken spezielle Werkbücher über das strohverarbeitende Handwerk.

Ein Halm teilt sich in drei Abschnitte: dem unteren Teil, dem Mittelteil und dem oberen Teil mit der Ähre.

Der obere Teil ist der feinste und deshalb gut verwendbar für kleine Dekorationen, Zöpfchen und Mäusetreppen.

Der mittlere Halmteil ist von gröberer Struktur, jedoch gut geeignet zum Binden von Weihnachtssternen und kleinen Strohfiguren. Die Strohhalme, die man in Kunstgewerbeladen kaufen kann, stammen meist aus diesem Teil des Halmes.

Der untere Teil wird nicht für sich allein verarbeitet, aber mitgeflochten, wenn mit ganzen Halmen geflochten wird.

Ein Problem ist der oft dicke Knoten zwischen dem unteren und dem mittleren Halmabschnitt. Der Knoten ragt oft hervor und stört dadurch das regelmäßige Aussehen der Flechte.

Für große Zöpfe verwenden wir den ganzen Halm. Falls Sie jedoch den oberen Teil für feine Verzierungen aufheben möchten, können Sie den übrigen Teil ohne weiteres in Ihrem Zopf verarbeiten.

Aus diesen großen Zöpfen läßt sich vielerlei machen: Kränze, Herzen, Spiegelrahmen oder zum Beispiel die Unterlage für eine Kräuterdekoration (siehe Seite 81).

Vor allem bei Hafer macht es sich hübsch, wenn man einige Ähren an den Halmen läßt. Nach dem Flechten ragen hie und da ein paar feine Haferkörner heraus, was dem Zopf ein verspielteres Aussehen verleiht. Die steiferen Ähren von Weizen und anderem Getreide sind dafür nicht so geeignet.

Ehe Sie mit der Arbeit beginnen, muß das Stroh eingeweicht werden. Die Badewanne eignet sich am besten für lange Halme, die gerade liegen müssen. Weichen Sie nie zu viel Material auf einmal ein. Stroh, das mehrmals naß geworden und wieder getrocknet ist, verliert Farbe und Glanz. Außerdem trocknet es stark aus und bricht, wenn Sie es flechten. Zum Abbinden von Stroh braucht man sehr starkes Garn. Nehmen Sie dazu Knopflochseide oder Leinenzwirn. Wählen Sie eine Farbe, die der Strohfarbe möglichst ähnelt. Der Faden muß so kräftig angezogen werden, daß das Stroh leicht abknickt, erst dann sitzt er fest genug.

Einen großen *Zopf* flicht man aus eingeweichtem Stroh, das zur Hälfte in umgekehrter Richtung liegt. Da die

Halme unten dicker sind als an der Spitze, würde ein spitz zulaufendes Gebilde entstehen, wenn alle Halme in derselben Richtung lägen.

Sie binden das Büschel oben zusammen und verteilen das Stroh in drei gleiche Stränge.

Beim Flechten biegen Sie das Stroh immer von außen nach innen, so daß Sie jedesmal an der Seite einen Knick zur selben Richtung hin erhalten.

Der Zopf muß fest und gleichmäßig geflochten werden. Das ebenmäßige Aussehen wird leicht gestört, wenn man beim Flechten längerer Zöpfe zu viel oder zu wenig neue Strohhalme einfügt. Die Zahl der eingefügten Halme richtet sich nach der ursprünglichen Dicke des Zopfes. Legen Sie die neuen Halme auf den Mittelstrang und flechten einfach weiter. Achten Sie darauf, daß der Zopf gleichmäßig dick bleibt. Die überstehenden Halme an den Stellen, wo neues Stroh eingefügt wurde, können Sie später mit einer scharfen Schere abschneiden.

Wenn Sie einen Zopf mit geschlossenem oberen Ende haben möchten, gehen Sie folgendermaßen vor: Sie binden das Büschel in der Mitte fest zusammen. Danach biegen Sie es dort durch und teilen die beiden Hälften in drei Stränge auf, mit denen Sie zu flechten beginnen. Das Einfügen geschieht wie oben beschrieben. Wenn Sie die gewünschte Länge erreicht haben, binden Sie das untere Ende fest ab.

Falls Sie aus dem Zopf einen Kranz oder ein Herz machen wollen, schneiden Sie die Enden erst ab, wenn die gewünschte Form fertig ist.

Für einen *Kranz* eignet sich besser ein Zopf mit einem geschlossenen Ende. Das untere Ende mit den Halmen wird unter das geschlossene Ende gelegt und mit

Nadel und Faden gut festgenäht. Falls die Verbindungsstelle nicht ordentlich aussieht, können Sie sie unter einem Band oder einem Tuff aus Ähren oder Gräsern verstecken.

Der abgebildete Kranz besteht aus einem zusammengebundenen Zopf. Er ist an roten Bändern aufgehängt und mit selbstgebastelten Bällchen und Herzen aus rotem Dekorierkarton geschmückt. Für die Bälle und Herzen schneiden Sie je drei gleiche Formen aus. Sie werden genau in der Mitte mit einem langen

roten Faden zusammengeheftet. Falten Sie danach die Figur auseinander und nähen den Faden am Kranz fest.

Einen Strohkranz können Sie außerdem mit Tuffs aus verschiedenen Ähren, Gräsern und Trockenblumen, oder mit Lärchenzapfen und Erlennüßchen verzieren. Die Tuffs werden an den Kranz festgenäht, die Lärchenzapfen mit Eisendraht daran befestigt.

Strohfiguren eignen sich nicht nur als Weihnachts- oder Osterschmuck. Ein Herz aus Stroh zum Beispiel ist das ganze Jahr hindurch eine stimmungsvolle Dekoration.

Die Herzform entsteht von selbst, wenn Sie die Enden des Zopfes gegeneinander legen und abbinden. Die Herzspitze wird ausgeprägter, wenn Sie ein kräftiges Stück Eisendraht in den entsprechenden Teil des Zopfes schieben und in Form biegen. Die Verbindungsstellen schmücken Sie mit Gräsern, Ähren, Tannenzapfe oder einem Band.

Kleine Zöpfe und Mäusetreppen

Der obere feinste Teil des Halmes wird für kleine Zöpfe und Mäusetreppen verwendet. Vor dem Flechten müssen Sie das Stroh einweichen, damit es geschmeidig wird. Für einen gleichmäßigen Zopf suchen Sie drei gleich dicke Halme aus. Genau wie bei der großen Flechte falten Sie die Halme von außen nach innen, um eine gleichmäßige Außenkante zu bekommen. Auch das Einfügen geschieht auf dieselbe Art. Zum Schluß schneiden Sie die abstehenden Halme ab. Auf diese Weise können Sie sehr lange Zöpfe flechten.

Mäusetreppen dürften wohl jedem bekannt sein. Sie nehmen zwei Halme

1. Der Halm wird durch 2 Knoten in drei gleiche
Abschnitte unterteilt.
2. Zum Flechten eines Zopfes legen Sie die Halme
zur Hälfte verkehrt herum.
3. Sie nehmen zum Einfügen von neuem Stroh
immer den mittleren Strang.
4. So entsteht ein Zopf mit geschlossenem oberen Ende.

symbolische Gabe manche bleibende Freude bereiten. Er wird folgendermaßen gearbeitet: Sie binden eine Mischung aus Hafer- und Weizenähren dicht unterhalb der Ähren fest zusammen. Wenn das kräftig genug aussieht, stehen die Ähren etwas auseinander.

Wenn es ein großer Baum werden soll, empfielt es sich, den Längsstamm durch dicken Blumendraht zu verstärken.

Die waagerechten Zweige gestalten Sie aus Strohbüscheln, die Sie zur Hälfte in entgegengesetzter Richtung aufeinander legen und gleich unter den Ähren abbinden, so daß an beiden Enden Ähren überstehen.

Danach wird der Zweig an die entsprechende Stelle zwischen die Halme des Stammes gelegt und mit festem Garn gut abgebunden. Auf dieselbe Weise wird auch der unterste Zweig befestigt.

Die Herzen formen Sie aus zwei genau gleich langen Flechten. Sie binden die Flechten herzförmig an den Stamm und schmücken sie nach Belieben mit einem weiteren Tuff Ähren.

von gleicher Dicke und falten sie in einem Winkel von 90° übereinander. Amüsanterweise beginnt die Treppe sich nach einiger Zeit zu wenden.

Mit diesen Zöpfen und Treppen kann man allerhand anfangen. In kurzer Zeit können Sie daraus Weihnachtsschmuck in Form von Herzen, Kringeln und Brezeln machen. Die Zöpfe kann man außerdem zu Serviettenringen und Haarbändern verarbeiten. Für die letzteren nähen

Sie ein Stück Gummiband zwischen die beiden Enden.

All diese Dinge können Sie nach Belieben mit Strandgras, Zittergras, Hafer, Lärchenzapfen, Erlennüßchen, künstlichen Beeren und Pilzen aufputzen.

Der Lebensbaum

Ein Lebensbaum ist für viele Gelegenheiten ein passendes Geschenk und wird als

Material und Werkzeug

Oasis. Grüne weiche Steckmasse (auch für Schnittblumen geeignet). Erhältlich in Blöcken: Standardgröße 23 x 11 x 8 cm und extragroß 32 x 25 x 18 cm.

Grabschmuckhalter. Weiche Steckmasse in Plastikrahmen, für Applikationen zu verwenden. Erhältlich in zwei Größen: 17,5 x 12 x 9 cm und 11 x 9 x 8 cm.

Oasis sec. Harte Steckmasse (nimmt kein Wasser auf). Erhältlich in Platten 29 x 29 x 5 cm; Blöcken 29 x 29 x 12,5 cm; Kugeln, Durchmesser 7 cm, 9 cm und 12 cm; Kegeln 24 oder 32 cm hoch.

Eisendraht. Grün lackierter Blumendraht in verschiedenen Längen und Dicken. Oft gebraucht werden der dünne, sehr biegsame Draht (0,4 mm) und die festeren Sorten (0,6 und 0,8 mm).

Klammern. Zum Feststecken des Mooses benützt man kräftige Eisenklammern. Sie können auch Blumendraht (0,8 mm, klammerförmig gebogen) benützen.

Knetmasse. Dieser grüne (Modellier-) Ton wird bei Leuchtern verwendet, außerdem in breiten Vasen und Schalen, in denen sich die Steckmasse schwer fixieren läßt: erst die Knetmasse hineingeben, dann die Steckmasse darauf legen. Nun mit langen Stücken Blumendraht (0,8 mm) durch die Steckmasse in den Ton durchstechen. Der Ton trocknet nicht aus, ist jedoch ziemlich zäh, dünne Stiele brechen beim Einstecken leicht ab.

Blumenstecker («Pinholder»). Zum Befestigen der Steckmasse auf einem flachen Teller oder in einer Schale sind Blumenstecker aus Plastik erhältlich. Die Halter haben an der Unterseite eine gut klebende Haftschicht.

Ton. Einfacher Ton, im Spielwaren- oder Hobby- bzw. Bastelgeschäft erhältlich, wird zum Beschweren leichter Körbe verwendet.

Kautschukband. Dehnbares Gummiband, wird bei Biedermeiersträußen und Ansteckblumen, sowie zum Überdecken von Eisendraht oder Stielen verwendet.

Zange. Zum Schneiden des Blumendrahtes brauchen Sie eine Zange mit kurzen, scharfen Schneiden.

Schere. Eine kräftige (Küchen-) Schere zum Abschneiden der Blumenstiele.

Messer. Die Steckmasse wird mit einem Messer auf die richtige Größe zugeschnitten.

Haarlack. Blumen oder Samen, die leicht ausfallen, werden vor dem Verarbeiten mit Haarlack besprüht. Auch in Sand getrocknete Blumen können zum Fixieren mit Haarlack besprüht werden.

Goldspray. Farbe in Spraydose, sie wird für den Weihnachtsschmuck verwendet.

Papierband. In verschiedenen Farben (in Geschäften für Bürobedarf oder Schaufensterdekorationen) erhältlich; zum Verzieren von Ansteckblumen, Kränzen und Brautbäumchen.

Moos. Rentierflechte und Sphagnum-Moos werden zum Bedecken der Steckmasse benützt. Sie können es (auch in größeren Mengen) im Blumenhandel bestellen.

Sand. Zum Trocknen von Blumen in Sand nehmen Sie weißen Muschelsand, der in Tierhandlungen erhältlich ist.

Blaugel. Die Blaugelkristalle können Sie in einer guten Drogerie oder in der Apotheke kaufen.

1. Oasis-sec-Platte
2. Die gewünschte Form wird mit Hilfe eines Tellers und
eines scharfen Messers ausgeschnitten.
3. Entlang einem kleineren Teller schneiden Sie den Innenring aus.
4. Sie flachen die vertikalen Ränder mit einem Messer etwas ab.
5. Sie überziehen den Kranz mit Rentierflechte oder Moos.
6. Klammer zum Befestigen des Mooses.
7. Grabschmuckhalter
8. Die Konturen einer ovalen Form werden bestimmt.
9. Seitenansicht
10. Aus starkem Blumendraht machen Sie einen
Aufhänger für eine Applikation oder Kugel.

1. Das Drahten eines Blattes.
2. Das Drahten einer Blume.
3. Kleinere Blüten werden oft in Tuffs zusammengebunden,
der Blumendraht dient dabei auch als Stiel (siehe Seite 62).

1

2

3

Deutsche Pflanzennamen